U0618799

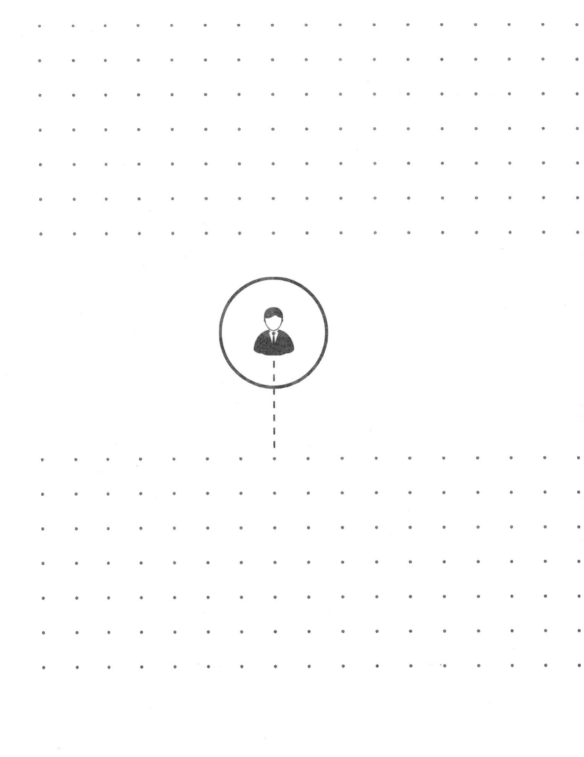

UBER

共享改变世界

陈润 唐新 著

ZHEJIANG UNIVERSITY PRESS
浙江大学出版社

第九章　与全世界一起共享

序章　巴黎雪夜，姑娘希望叫辆车

2008年12月的一天下午，法国巴黎，寒流到来。相比往年，这年冬天气温来得更低，大雪不期而至，将古老而现代的巴黎笼罩在一片银白之中：闻名遐迩的塞纳河上不见白昼如织的游船，雪片急急地融入流动河水；雄伟恢宏的凯旋门，静默地伫立在茫茫夜色中，凝视着车水马龙；香榭丽舍大道上，一道道光柱勉强刺破白幕，那是缓缓行动着的车辆所发出的前灯信号……

倘从影片中看到如此雪景，不知多少人会心驰神往，身居此城者却无暇观赏。路上行人紧裹着高领大衣，低头匆匆赶路，每一处商业区中心街口，都有苦苦等待着的人群，他们中有普通的外国游客，也有刚刚下班的白领，甚至还有刚从医院出来身体不便的老人。这场突如其来的大雪，让人们没办法赶到地铁入口，只好寄托在鲜红色TAXI顶灯的出租车上。

特拉维斯·卡兰尼克（Travis Kalanick）显然根本没有体验到这份焦急，此时的他刚刚满饮了一杯凯旋1664法国白啤，将厚重的啤酒杯放到吧台上，扭头和身旁的姑娘继续聊天。

卡兰尼克不久前卖出了他的创业公司，此时已然是千万富翁，他享受了几乎一年的户外运动、德州扑克、摇滚音乐和风情酒吧。在巴黎，他尤其喜欢酒吧，这里没有美国的浮躁、英国的草根、亚洲的喧嚣，所以每天从扑克俱乐部出来之后，他都会和好友格瑞特·坎普（Garrett Camp）一起小饮几杯，顺便看看有没有聊得来的姑娘。

坐在卡兰尼克身边的，是个身材高挑的法国女孩，二十来岁的年纪，全身上下充盈着青春活力，每一个眼神都含蓄而美丽地焕发神采，卡兰尼克娓娓道来的创业故事和旅行见闻，更是让姑娘时而遗憾叹息，时而啧啧惊叹，时而又莞尔一笑。

当酒吧古色古香的时钟指针指向十点时，姑娘皱了皱眉，站起身来说："您的故事太吸引我了，可是，真遗憾，我必须回学院了。这么大的风雪，我真担心自己赶不上地铁。"

卡兰尼克耸耸肩，略带遗憾地站起身，他下意识地摸了摸口袋，并没有找到那熟悉的车钥匙，才发觉自己身在国外，别说心爱的座驾，甚至没办法借一辆车来送送女孩。聪慧的姑娘马上明白了，她谅解地笑了笑："我还是打车回去吧，再见，先生，希望还能见到您。"

卡兰尼克看看坎普，发现他也闲了下来，于是便自告奋勇地说："小姐，没关系，我和朋友去帮您叫辆车。"说完便买了单，三人一同走出酒吧。

此时，天空中飘洒的雪片更加密集，犹如遮挡在城市上空的白色轻絮，出租车一辆辆地从眼前滑过，但几乎每一辆车顶灯都亮着"有客"字样。大约是学院有禁止夜间活动的规定，姑娘越来越焦急，但卡兰尼克和坎普也无计可施。好不容易，眼疾手快的坎普发现了街对面一辆空驶的出租车，便扬手让司机掉头，没想到姑娘摇了摇头，示意身边一对行动蹒跚的老年夫妇，请他们上车。

整整半个小时之后，他们终于将冻得几乎哆嗦的女孩送上了出租车。透过车窗玻璃，卡兰尼克向她招招手说："回去记得喝点热汤。"而女孩只是回报了一个无奈挤出来的微笑。

　　轮到他们为自己叫出租车了，卡兰尼克自己只穿着单薄的西装，坎普的黑色毛衣显然也不够保暖。两个人冷得够呛，只能在闪烁的霓虹灯下，借着酒吧屋檐遮挡来回走动。为了增添几分暖意，卡兰尼克掏出烟扔给坎普，坎普娴熟地抽出、叼上，"啪"的一声打响了银色的ZIPPO打火机，浓烈的烟草味很快传了过来，刺激着被焦急和寒冷所麻痹的神经。

　　"看在上帝的分上，"卡兰尼克抱怨道，摇了摇头说，"今早我们参加那个大会时不也是这样难打车？既然我们曾经能一个按钮就下载到最新的格莱美歌曲和最炫的好莱坞电影，为什么不能一个按钮就叫来出租车？"

　　这句话打破了两人的沉寂，坎普愣了几秒钟，几乎跳起来说："卡兰尼克，你真是个天才！我觉得用互联网完全能够做到这点，而且，天啊，想想看，全世界！客户是全世界的人！"

　　"可没那么简单。"看到朋友这么迅速地支持自己的想法，卡兰尼克反而否定了自己的想法。他沉吟了一会又说："出租车是个历史悠久的行业，几乎没有什么变化，如果用互联网颠覆能够成功，可能是全人类交通乃至经济历史的改变。所以，哪会那么容易？"

　　坎普刚想说什么，一辆空载的出租车突如天使般降临，两人连忙抱着胳膊，从纷纷扬扬的雪花中穿过街道，狼狈不堪地上了车。那个被称为"天才"的一键叫车的主意，也暂时被遗忘在脑后。

　　两周后，卡兰尼克正在参加德州扑克比赛，坎普打来电话："明天中午早点回公寓吧，有个叫Jam Pad的座谈会在我们这里召开，大家都很想见你。"

　　此时，秉承了巴黎人文沙龙悠久历史的创业座谈会，正在这个城市的年轻人群中成为越来越时尚的热潮。无论是商学院的学生，还是公司里的小白领，抑或政府里不得意的小事务员，或者只是个普通的快餐厅服务生，只要对创业感兴趣，都能参加这样的座谈会，并随意发言。正因如此，座谈会总是有着聊不完的广泛话题，各种疯狂的创业点子层出不穷，讨论气氛经常热烈到停不下来，每个人都乐此不疲。

正是在第二天的座谈会上，坎普突然又将话题扯回那个雪夜，他先是和大家"分享"了糟糕的打车经历，引来了一片唏嘘，看起来，人人都经历过同样的困境。紧接着，坎普兴致勃勃地宣布，卡兰尼克这位经历过多次创业的年轻才俊，很快就要投入新的创业——互联网叫车。

这个创业主意马上获得了与会者的一致赞成，人们赞叹说，如果真的能够做到一键叫车，自己肯定是最忠实的粉丝用户，甚至有人开始热心地提出要计算项目的成本计划，要为公司取个好名字……

大家又讨论了很久，直到深夜，座谈会才宣布结束，年轻人意犹未尽地三三两两离开，公寓里只剩下坎普和卡兰尼克。

卡兰尼克放下手中的咖啡杯，习惯性地耸耸肩膀，对坎普说："怎么？你还记得那个一键叫车？我自己都快忘了，更别说去投资做这个了。"

坎普并没有回答，他一脸严肃地将卡兰尼克拽到笔记本电脑前，然后飞快地在浏览器中输入了一串网址，并骄傲地按下回车键。法国电信光纤宽带迅速用每秒10M的速度回应了这次按键，出现在屏幕网页上的，是硕大的英文"UberCab"。

坎普认真地说："卡兰尼克，老伙计，最近这段时间，我每天都在想那个创意。相信我，这是我听过的最棒的创业点子，所以原谅我自作多情，买下了UberCab.com这个域名送给你。你已经玩了一年了，需要开始新的征程了，也只有你，才有勇气和毅力来打造这个天才项目，而我，还有朋友们，都希望能参与进来。请你开始吧！"

卡兰尼克没想到，自己的一句戏言，居然让朋友这样投入。难道，这真的是个好点子？难道，命运真的开始又一次垂青自己了？卖掉了公司，毕竟不是自己人生事业的终点，下一步的选择机会，真的在这个一键叫车上？带着这些问题，他久久凝视着屏幕上那单调的"UberCab"字母，脑海中思维的风暴在迅速凝聚成形，席卷一切旧有规则，并即将揭开新生的世界场景。

每一个搅局者都有其登场时刻，其中的成功者，犹如蒙受宿命眷顾，能够在准确的时间、地点，以最合适的方式出现并获胜。这就是Uber的登场时刻，一场战斗传奇的源头。

第一章 总在失败的创业家

旧金山，好奇之城

Uber公司总部，设于美国旧金山（San Francisco）。

旧金山，位于美国西海岸圣弗朗西斯科半岛顶端。西濒浩瀚的太平洋，东临旧金山湾，北面则有金门大桥，和马林县连接。这里的气候冬暖夏凉，阳光充足，附近国家公园林立，还有闻名遐迩的加州葡萄园……

1848年，旧金山正式并入美联邦，在随后的淘金热潮中大放异彩，城市迅速建设和扩张。此后，她成为全美人口密度仅次于纽约的城市，今天，这座城市面积600平方千米的土地上，生活着85万人口。

旧金山是美景之城，城市结构相当紧凑，星罗棋布在城区的40余座小山，让旧金山的许多街道具有一定倾斜度，也由此呈现出别样的景致。金门大桥的壮美日落、唐人街的喜庆新年、九曲花街的瑰丽花海、渔人码头的休闲傍晚，让旧金山"美国最漂亮城市"的名号当之无愧。

旧金山是科技之城。从旧金山向南，沿着101公路，开车不过1小时路程，就能到达著名的硅谷。这里原名圣塔克拉拉谷，从20世纪70年代开始，IBM公司、惠普、英特尔、思科、苹果、谷歌、Facebook等大公司纷纷从这里崛起，挟着应用科技的浪潮席卷世界，带动了一波又一波的产业革命。到21世纪初，硅谷已经集结全球上百万的科技精英、上千位的美国科学院院士，走出了30多位获诺贝尔奖的科学家，吸引了大批的全球风险投资资本……

随着硅谷的发展，旧金山市区也逐渐被高科技产业文化所影响。旧金山湾区有优越的地理位置、相对低廉的租金和优惠的税收政策，城市化的景色也深受年轻设计师和软件工程师的喜爱。各大科技公司专设了开往硅谷的免费通勤大巴，车内有着舒适座椅、空调、Wi-Fi，员工使用的是最新的苹果电脑，谈论着的是最新科技成果和产业动态。

截至2013年年底，旧金山市区涌现出了1892个科技公司，它们租下了市内超过五分之一的写字楼，俨然成为旧金山主要的经济产业来源，而旧金山市政府则不断推出新政策，吸引更多公司留在市区。

由于科技产业的不断成长，带着上百年前淘金者气质的旧金山，早已成长为创业之城。

和人们想象的不同，在这里，高科技从业者并非只是西装革履的白领。每条街道，你都可能遇到对未来充满期冀与希望的创业者。他们貌不惊人，行色匆匆，却怀揣梦想。即便在那些落后的街区，被称为"蜂巢"的老旧公寓楼中，也蜗居着从硅谷逃离到旧金山来的年轻工程师们，为了追求梦想，他们可以放弃高薪，一日三餐都用热狗和方便食品对付，却整夜整夜地钻研代码、产品和用户体验。这种无拘无束的生活，是对硅谷模式的反叛，更是自我选择的成长道路。作为新一代创业者，他们不再认同老辈们的发展路线——建立公司，再出售企业，如此循环往复。他们希望自己可以做出更有价值、更能帮助社会和更有影响力的事情。

这条路注定充满荆棘，很多人可能会倒在征途中。但用以支撑信念的图景，却如此清晰：

1977年，旧金山洛斯阿尔托斯县的史蒂夫·乔布斯（Steve Jobs），一脸嬉皮士模样，成天宅在家里光着脚走来走去，周围邻居对此不以为然，觉得这年轻人十有八九不正常。但乔布斯忙着和伙伴们一起把一批批电脑配件运到车库，并从这里组装，发给购买者。

不久以后，乔布斯将组装地点搬离了车库，并获得了人生中第一笔风险投资。苹果公司正式成立。邻居们谁也没有想到，喜欢穿旧毛衣和破牛仔裤的隔壁男孩，居然成了改变世界的人。

这样的传奇故事，早已深入旧金山科技业年轻人的灵魂与生活。他们来自全美各个地方，来自全世界不同角落，却都怀有同样的信仰——用技术改变生活，用创新挑战无知。正是这些心怀热血的人们，传承了旧金山的好奇与冒险，每一天都在书写着新的传奇。

卡兰尼克，正是这群年轻人中曾经普通的一员。

卡兰尼克的气质如此符合旧金山，他成名后，中国网站上所能看到的资料，都千篇一律地将之误定为其出生地。其实，卡兰尼克家乡在加州南部的洛杉矶，1976年8月6日，他在这个"天使之城"出生。从他记事开始，就深受身为电子工程师的父亲影响，狂热地爱好一切和电脑有关的东西。

小学六年级，卡兰尼克就学会了在电脑上编写代码，当然，这和那时已经席卷了全美的信息革命大有关系。除此之外，还和电脑游戏有关。那时，游戏远不如今天普及，无论是操作界面还是运行模式，都显得相对粗糙，但小卡兰尼克总是乐此不疲。每天下午放学之后，他就迫不及待地坐到钟爱的苹果电脑前，玩起《魔堡逃生》、《狂躁矿工》这些堪称经典的游戏来。后来，他又在圣诞节得到一台任天堂红白机的礼物，于是《超级玛丽》里蹦蹦跳跳的水管工又占据了他最多的课余时间。

卡兰尼克如此痴迷于电脑游戏，曾经让母亲担心过一阵子。但儿子的表现很快打消了她的顾虑，无论是学业还是体育成绩，卡兰尼克都完全没有因为玩游戏而有所下降。相反，随着对游戏的深入了解，卡兰尼克的编码水平正在日益进步，这也让他的父亲颇感惊喜与得意。

成年后的卡兰尼克也始终没有放弃这一爱好。从2008年开始，手机游戏风靡全世界，他也如无数"低头族"般沉溺其中：《糖果传奇》游戏，卡兰尼克一直玩到了第173关；在《愤怒的小鸟》游戏全美排名榜上，他曾经荣获第七。

卡兰尼克的内心，永远住着当年的那个小男孩，无论是在虚拟世界还是现实生活，他总渴望赢得挑战，期待获得更好成绩。对他来说，游戏并非用来打发时间，也不是用以炫耀，而是给了他美妙的好奇感。怎样学会新游戏、玩好游戏的奖励、如何去战胜困难……太多太多的未知，组成了每个游戏，也昭示了卡兰尼克未来的人生。

因此，当卡兰尼克来到旧金山，内心的创造力很快被这座城市的文化充分激发。正是在这里，他遵循着内心与生俱来的好奇轨迹，走上了创立Uber的道路。

但在此之前，卡兰尼克却面对了一次又一次的失败。

名校熏陶自不凡

1995年，卡兰尼克高中毕业，顺利考入加州大学洛杉矶分校（简称UCLA）。

UCLA的名头可谓不简单，它成立于1919年。在历史渊源上，UCLA是加州大学系统内第三个成立的校区，现今在全美公立大学排名第二，仅次于加州大学伯克利分校。整个UCLA为美国高科技产业、商业金融和文化艺术领域培养了一批批人才，其学生或校友甚至在奥运会上也囊括了251枚奖牌。

漫步在UCLA的校园中，人们能和那些20世纪20年代的古老建筑不期而遇，包括学校图书馆、罗伊斯礼堂、物理生物楼和化学楼等等，它们全部用当年从意大利进口的红砖砌成，那古老的形象和优雅的气质，无言地散发着厚重的人文气息，也象征着名门正派的学术传承。尤其是在第二次世界大战后的25年内，UCLA更是取得了重大发展，学校修建了大量校舍，总共有163栋建筑，设有12个专业学院、109个学术系和800多个研究机构，专任教师就达到3800人，其中包括40位美国科学院院士、20位美国工程院院士、34位美国医学研究院院士、105位美国科学与艺术学院院士，并先后诞生了16位诺贝尔奖获得者。

除了科研方面，UCLA同样具有丰厚的人文底蕴。这所大学走出的名人之多，横跨领域之广，堪称全世界顶级：任教于此的数学家陶哲轩，2006年菲尔兹奖（国际最高数学奖项）获得者，智商高达230，是全世界现存最聪明的人；赵美心，美国历史上第一位华裔女性国会议员；劳伦斯·芬克（Laurence Fink），世界最大资产管理公司贝莱德集团的CEO；弗朗西斯·科波拉（Francis Coppola），伟大影片《教父》的导演；约翰·凯奇（John Cage），著名的先锋派古典音乐作家，其作品《4分33秒》的理念令人瞠目结舌；卡里姆·阿布杜尔-贾巴尔（Kereem Abdul-Jabbar），篮球运动员，NBA总得分历史第一；蔡康永，中国台湾著名节目主持人，他和小S共同主持的《康熙来了》影响了一代中国年轻人……

正因如此，卡兰尼克选择了这所学校的计算机工程专业，可谓是获得了最好的学习机会和锻炼舞台。从20世纪90年代开始，计算机技术发展日新月异，1993年，美国政府宣布建立国家信息基础设施，许多国家纷纷紧随其后，Internet正式形成，人类打开了通往世界性互联网时代的大门。在卡兰尼克进入大学之后的两年内，美国政府又开始研究和发展更为快速的Internet2和下一代互联网（Next Generation Internet）体系，即使是行业外人士，也开始清楚地意识到，计算机技术的发展，将要带领全球走向高速信息互联时代。而业内精英则更敏锐地确信，人类的第三次科技革命方兴未艾，互联网技术迟早会影响和改变人类的经济、生活和社会。

处于这样的大时代中，卡兰尼克庆幸自己没有选错专业，计算机技术本来就是自己最热爱的领域，就业前景一片大好，这也让他更有信心。要知道，从UCLA走出去的计算机工程学士，在人才市场上可谓炙手可热，不是被华尔街那些财大气粗的投行挖去，就是进入通用、微软、苹果这些大公司，享受着全美国最好的工作环境，拿着高额工资薪酬，工作表现突出者，还能在晋升阶梯上步步攀登，并拿到令人垂涎的公司股票期权。

在美好的图景面前，卡兰尼克的同学们同样踌躇满志。但逐渐地，卡兰尼克开始感到怅然若失。最初，那只是内心的一丝寂寞，后来很快就如春季疯长的草芽，不断向心中每一寸角落蔓延。

这种感觉最初是从课外生活开始的。除了埋头学习之外，卡兰尼克也会像其他男生那样喜欢周末的娱乐活动。有时，他和室友们围坐在酒吧谈天说地，有时，则会打电话约会心仪的女生，但"计算机工程技术"的刻板形象，则几乎无处不在。尤其是新认识的校友们大都用书呆子和科学狂人的眼光来看待他，这让他感到相当不自在。有时候，他很想告诉对方：我不是只懂冰冷的编程语言，只会和单调的计算机屏幕打交道，我和你们一样热爱生活，希望改变世界！

然而，计算机和互联网当时的确还离普通人的生活相当遥远，能够让他证明自我的机会太少。虽然卡兰尼克从他担任报社主编的母亲身上遗传了很强的交际能力，有着良好形象和人缘，但每当新朋友们聊起各自专业之后，他就会被迅速排除话题中心，俨然成了被社交圈子遗忘的人。

这种情况的一再发生，让卡兰尼克多少感到沮丧。他从没想到自己会处于这种尴尬之中。

早在上初中的时候，他就选择了带有尝试意味的假期兼职：上门推销刀具。想象一下，在枪械合法持有的国家，一个十几岁的少年带着明晃晃的"卡特扣"公司生产的厨房刀具，敲开陌生人家的大门，然后获得对方信任，卖出产品，赚到提成，这是何等考验沟通能力的工作？但卡兰尼克彼时就足以胜任，一次次成功地"带刀入室"销售，居然业绩上佳。这让他开心不已，也确认了自己的营销天赋。而现在，计算机工程专业似乎将他定义成为守着电脑才能拥有未来的人，美好的人生刚刚开始书写，结果就已注定，这让他很是沮丧。

大三开始，互联网的发展更大地刺激到了卡兰尼克。当年3月份，微软发布了浏览器IE3，雅虎、MSN、莱克斯等网络搜索引擎站点发展迅速。之前，校内的计算机最多只能连接寝室、实验室之间的网络，接触到不同的校友，但现在可以有效地让全世界不同国家和地区的人，处于同一个平台上共享资源、发送邮件、接收新闻。在对这种变化感到欣喜不已的同时，卡兰尼克也陷入了深深思索，每个夜晚当他难以入眠时，都会对着寝室那略显老旧的天花板，推想着互联网下一步发展可能带来的商业空间，并思考自己可以做出的选择。有时候，在室友的鼾声中，这样的思考会持续整夜……

有了想法，行动自然会发生改变。逐渐地，卡兰尼克不再去参加那些为打发时间而举行的聚会，也不再尝试泡吧、把妹，他找到了新的生活重心。短短时间内，他认识了好几个有着同样关注内容的校友，他们也大都从事和计算机、互联网接近的学业研究，也都认识到互联网创业是人类商业领域中即将得到广泛开采的宝地。

年轻的创业梦想一旦萌发，任凭什么力量都无法摧毁。在朋友们的支持下，大四学生卡兰尼克最终决定：退学！此时已经是1998年，离毕业只有几个月了。但卡兰尼克不愿意等这几个月，他知道创业时间紧迫，晚一分钟开始，就意味着少一分机会，甚至会彻底葬送希望。

就这样，卡兰尼克放弃了唾手可得的学位，投入创业征途中。在他看来，既然新的游戏开始了，那么自己需要迎接挑战，而不是遵照既有流程，去履行传统定义下的责任。他确信，有没有学位，并不重要，重要的是自己能否抓住时代所给予的机会。

可惜，除了几个合伙人之外，并没有多少人肯定他的做法。一向以儿子为傲的父母听说此事，也久久沉默无语。但他们相信孩子的选择，最终还是接受了这一决定。

卡兰尼克很快收拾行囊，从加州大学洛杉矶分校消失了，他带着高中毕业证书来到这里，带走的却只是肄业证明。他的离开，对这所名校而言，只不过是学籍表上少了一栏人名而已。

这一走，就是17年，直到2015年10月，卡兰尼克才正式接受了母校的官方邀请，重新回到诞生了梦想的校园中。在学校古色古香的罗伊斯音乐厅，加州大学洛杉矶分校风险资本基金会（UCLA Venture Capital Fund）将创业成就奖颁发给了卡兰尼克，领奖台和学校的一草一木一样，都带着熟悉而又陌生的味道，这让卡兰尼克百感交集。简单的颁奖仪式过后，当年选择不羁离开的他，向在场的1200多位企业家发表了真诚的获奖感言，博得了阵阵掌声。

无可置疑，卡兰尼克的选择，最终还是获得了母校的尊重。如果当年他放弃对梦想的追逐，在UCLA校友录的某个角落中，大概会多一个世界五百强企业的技术主管，互联网世界却会减少许多的精彩创业故事，其中最为突出的，就是被好莱坞视若眼中钉的Scour.com。

SCOUR.COM这样死掉

卡兰尼克的退学决定，在外人看来很突然，但背后的深思熟虑只有他自己知道。

从大三开始，他就对当时的互联网创业浪潮进行了全面分析。一方面，他从专业角度审视，预测未来下载技术的发展速度会越来越快，伴随硬件和网络的发展，网络信息量不断增多；另一方面，他自己又是见证了互联网初起的用户，目睹了人们是怎样越来越习惯用电脑阅读新闻、收发邮件和即时聊天，他相信，不久的未来，用户会不满足于这些，他们还想要通过网络观赏电影、聆听音乐。正因如此，在退学之前，卡兰尼克就确定了创业的细分领域：下载服务的搜索引擎。

搜索引擎，是伴随互联网而诞生的网络系统。不同的搜索引擎，根据各自策略，使用特定程序，将大量的信息加以组织和处理，再根据需要提供给不同的用户。可以说，在浩瀚的互联网海洋上，每个用户都犹如一艘小船，想要到达目标港口，必须借助搜索引擎提供他们想要的航线。否则，他们就有可能迷失在无边无际的信息中。

这一概念虽然相当先进，但已经有人关注到其背后的巨大市场。在卡兰尼克退学前一年，华尔街道·琼斯子公司的员工李彦宏辞职，他来到旧金山南部的硅谷，进入了搜信公司。这家公司是当时著名的搜索引擎公司。李彦宏在这里很快成为核心工程师之一。到卡兰尼克退学的第二年，李彦宏认定搜索领域在未来将大有可为，于是毅然回到中国，在北大资源宾馆，他组建了只有八个员工和两间办公室的团队，这个小公司名叫百度——众里寻他千百度的意思。

有识之士都确信，早一天打造出独特的搜索引擎，就多了一份对未来的主动权。而选择什么领域的搜索服务，则每个人都各有不同。李彦宏回国初始，选择的是为各大门户网站提供搜索服务，之后做出重大调整，走中国特色的"竞价排名"之路。卡兰尼克选择的则是为下载用户提供搜索服务。通俗来说，当你想找《公民凯恩》这样的经典电影，或者想聆听猫王当年创下传奇销量的唱片《白色圣诞节》，你不再需要去街边的影像店，更不用在互联网上碰运气。只要来搜索引擎按下回车键，卡兰尼克就能为你找到最好的下载链接。

和卡兰尼克一起创业的，是同班好友迈克尔·托德（Michael Todd）和文斯·巴萨姆（Vince Busam），他们经常跟卡兰尼克在一起学习、泡吧，受他的影响最大，也愿意跟随他的领导。公司迅速成立后，推出的产品是P2P下载搜索引擎，名为Scour。这个单词在英文中是"冲洗、擦亮"的意思，或许卡兰尼克希望，新的下载搜索引擎能带给用户洪水般的影音文件，重新洗刷一下他们的电脑硬盘。

为了打造这个初生的项目，小团队开始玩命地工作。他们在租用的简陋公寓里铺上床垫，每天都工作到凌晨才稍微睡一会，吃饭完全用外卖来解决，洗澡则在公共卫生间草草完成。

一番努力之后，Scour.com网站正式上线。上线当天，几个年轻人发完通知邮件后开始紧张地盯着网站管理员后台参数的变化。很快，浏览量从0跳到了1，没等他们欢呼出声音，1又变成了10，而后20、50、100……随着屏幕上数字的飞快跳动，卡兰尼克的心也为之躁动不已。

"宇航号起飞了！"大家看着眼前的成绩，击掌相庆。

宇航号是他们早在大学时就为创业小组定下的名字，这些年轻人并没有意识到，Scour这个看起来不起眼的搜索引擎，竟成为世界上第一个P2P文件下载资源搜索引擎，其中的文件共享系统能够提供海量的音乐、电影资源链接的复制和下载。

最初访问这个网站的，自然是卡兰尼克的同龄人们。这些在校大学生早就听说了这个项目，很多人都开始用它下载心仪的电影与音乐，用户群也成几何倍数的扩张。随着网站知名度的提升，风险投资顺理成章地看上了这个项目。

不久后，一家在投资界很有些名气的投资机构前来询问。据说，这家投资公司的老板是加州亿万富翁罗恩·伯克尔（Ron Bekr）和好莱坞著名经纪人迈克尔·奥威茨（Michael Ovitz）。虽然双方最后因为投资意向书内容问题没有达成协议，但这家机构的关注成为网站最好的招牌。Scour有了充分的选择余地，最后，卡兰尼克从另一位投资人手中获得了上千万美元的风投。

有了钱，网站推广的速度会更快，提供的服务质量也会更好，用户也疯狂增长起来。鼎盛时期，有25万用户同时在这里分享文件。

23岁的卡兰尼克，几乎是在一夜之间，看到了自己创业梦想的腾飞。然而，天有不测风云，在互联网商业这块刚刚兴起不久的市场领域中，卡兰尼克关注到了尽可能想到的因素，却唯独没有关心到最致命的那个：美利坚合众国宪法。

美国宪法第一条第八款规定：国会有权保障著作人及发明人在特定期限内

对其著作和发明享有的排他权，以促进科学与实用技艺的发展。围绕宪法这一精神，美国在不断发展中建立了完整而严格的知识产权法律系统。尤其是1976年公布的《版权法》中规定，如果不经作者同意，擅自将作品通过复制成为多份拷贝和录音制品进行分发，即构成侵权。

很显然，Scour公司所提供的下载链接，无疑都是侵权文件。当这家公司刚刚上线时，规模实在太小，还不足以引起作品背后资本力量的警觉，但当Scour初成气候羽翼渐丰，好莱坞的公司决定动手了。

2000年，一张法院传票毫无预警地被送到了卡兰尼克的公司。包括美国电影协会、美国唱片工业协会、全美音乐出版商协会等29家公司联合起诉Scour，要求赔偿的数量高达2500亿美元！这个数字，可是芬兰、希腊和葡萄牙这些欧洲国家一年的GDP总和！

卡兰尼克绝望地凝视着传票上的数字。他发现，自己一直在玩的商业游戏眼看要接近胜利时，却在法律游戏中被列强们轻而易举地击倒。他愤愤不平地告诉伙伴们，自己上周还在和索尼、华纳和BMG这些大公司的相关负责人谈判作品使用权限，之前已经取得了几家公司的作品使用许可，但谁能想到他们翻脸如此之快！

抱怨归抱怨，事实已经无可挽回。如此巨大的赔偿当然并不可能兑现，对方唯一的要求其实是希望Scour公司破产。卡兰尼克带着愤怒和遗憾，不得不解雇了员工，并支付了100万美元，就此宣布公司破产。

虽然公司不在了，但卡兰尼克还是获得了最初梦想的"遗产"：几家公司宣布愿意收购Scour公司的技术，最终的赢家是Listen.com，该公司用500万现金和50万美元的股票买下了Scour公司的技术。

这一切让卡兰尼克心情低落。这次短暂的创业虽然让他有了普通美国人一辈子也不会拥有的财富，但梦想也被现实重创。他回到父母家，每天无所事事，回想起两年前的激情创业，挫败感一寸寸吞噬着心灵。一连几个月，他都不愿意走进任何一家电影院，他后来解释说："看到那些好莱坞制片公司的名字，我就会感到血往脑袋上涌……"

23岁，经历了同龄人没有获得的成功，又被抛入局外人难以想象的低谷。卡兰尼克的创业人生又该往何处去？谁也给不了答案，除了他自己。

躲过"9·11"，没躲过税务局

消沉了几个月，卡兰尼克重新开始审视过去和未来。虽然这段时间内他把时间都花费在酒精、电脑和短途旅行上，却并没有停止思考，更没有被打垮。父母和朋友也鼓励他，他还很年轻，有的是资本再去重新创业。

对于许多人而言，第一次创业遭遇如此突然的"死亡"，足以阻止他们前进的脚步。但卡兰尼克恰恰越挫越勇。到新的一年，二次创业计划已经被提上日程。

2001年，卡兰尼克召集了之前的伙伴，这些人也正愁着没有发展方向，大家一拍即合。经过简单的商议，公司再次成立，名叫Red Swoosh。这家公司提供的服务依然与媒体下载技术有关，主要是向企业客户提供相关技术，帮助他们改进媒体文件在网络上传播的方式，提高文件传输的速度。这样，就能为企业节省服务器开支。

虽然从技术上来说，这家公司和Scour没有太大不同，但卡兰尼克特别注意到如何避免任何法律风险。公司和每家企业都进行了签约，在合同范围内，为客户的网站扩充下载能力。由于许多公司的运营已经大范围互联网化，这种服务是相关企业普遍需要的，卡兰尼克乐观地告诉创业伙伴们，以后那些通过诉讼让Scour破产的好莱坞公司，估计都会来洽谈购买服务，"把告我们的人变成客户"，这就是他的"复仇"逻辑。看起来，这和林肯总统"消灭敌人最好的方式就是变成自己的朋友"的思想很是接近。

带着如此美好的理想，卡兰尼克和公司团队再次出征。为了能够加快企业的发展速度，卡兰尼克宣布自己只持有公司股权，一分钱薪水也不要。他如此投入的精神带动了所有员工，也带来了好运气——公司很快又找到了新的投资人。

2011年9月初，卡兰尼克接到投资方的电话。电话中，投资方代表丹尼尔·列文（Daniel Lewin）的声音听上去很是温和。他说，在自己的运作之下，投资协议基本可以达成，自己会在9月11日从波士顿搭飞机前往公司，只需要确定一些细节，就可以签约。

整个公司的人开始期盼丹尼尔的到来，但等来的却是令人震惊的现场直播画面：9月11日上午9时3分，美国联合航空公司第175次航班撞向纽约世贸中心二号楼，在一片"上帝啊"的惊呼声中，大厦在滚滚浓烟中轰然倒塌。

卡兰尼克惊呆在电视前，175次航班正是丹尼尔乘坐的飞机。

"9·11"事件直接导致了公司从起步就陷入僵局，股市暴跌、航班停飞，全国上下一时人心惶惶。面对又一次难以预料的麻烦，卡兰尼克使尽浑身解数，勉强维持运营。公司现金流即将告罄，他个人的财产也所剩无几，只好搬回父母家再次做起"啃老族"。

在卡兰尼克的坚持中，NBA达拉斯小牛队的老板马克·库班（Mark Cuban）看中了公司，并做出了投资。对此，卡兰尼克很是感激。但不久之后，合伙人又挑起了麻烦，有人提出整个技术团队跳槽到索尼的建议，因为那里的待遇更好，卡兰尼克虽然用尽办法，但还是无法阻止他们的离开，因为从企业经营角度来看，合伙人的确有权这么做。

公司的变数让本身就不大了解互联网的马克·库班感到恼火，他明确表示，自己不想承担卡兰尼克又一次破产的风险，并很快打算撤资。面临着公司再次破产的风险，卡兰尼克动摇了，他不得不选择再次铤而走险去打擦边球，在创业者看来，让企业和项目活下去，是最重要的目标，其他一切都可以为之让道。为此，他做出的决定几乎是疯狂的：不再给员工上缴个人所得税。

税收，是全世界各国政府赖以生存和为民众提供服务的财政基础，在美国，个人所得税是受到宪法保护的。从美国总统到普通工农，每个人都受到各种税法的限制，其目的最终就是让公民乖乖地履行义务。以至于美国社会流传这样一句话："世界上只有两种东西永恒，死亡和交税。"正因如此，美国国内税务局这一部门甚至比中情局和国防部都更为出名。早在20世纪30年代，号称芝加哥地下市长的阿尔·卡彭（Al Capone），几乎只手遮天，当地政府官员和警察全部都成了他的党羽，他在芝加哥构建起了执法部门难以攻破的铜墙铁壁。最终，还是依靠国内税务局的一帮会计，用"查账"的方式将他抓捕归案。

面对如此强势的政府部门，卡兰尼克的胜算接近为零。很快，法院的传票又一次噩梦般到来，接下来是诉讼、应诉、判决、罚款，一切场景都和上次完全相同。面对此情此景，连卡兰尼克的女朋友也哭笑不得地"安慰"他："你真是世界上最倒霉的创业者。"

罚款必须要在规定的期限上缴，每延期一天，滞纳金就会相应增加，甚至会让卡兰尼克锒铛入狱。由于公司一直在扩大业务，并没有多少现金流，究竟如何度过新的困境？

"流汗，流血，吃泡面"

就在卡兰尼克创业再次面临危机之时，卡兰尼克的父母向他伸出了援手。

卡兰尼克是幸运的，父母不仅给了他高智商和良好教育，必要时还在经济上助他一臂之力。为了凑齐罚款，父母将养老金从银行取出来，把家里珍藏多年的限量版汽车也卖掉了。看着这一切，卡兰尼克懊悔不已，也悲叹自己命运不济。他一次次问自己：为什么我如此努力，却总是遭遇失败？为什么有的人创业道路就能一帆风顺？

换作他人，巨大的失落感很可能不断膨胀，进而造成人生悲剧。这并非危言耸听。2011年11月12日，旧金山教会区特里特大街的一幢老房子里，新创企业Diaspora公司创始人伊利亚·兹托米尔斯基（llya Zhitomirskiy）毫无征兆地自杀，他把黑色袋子套在头上，然后将氩气通过管子注入袋子中，就此告别人世，留下的遗书上只有一句话："感谢大家始终对我的关心，这是我一个人的决定。"几个月后，朋友们终于从种种痕迹中了解了兹托米尔斯基的死因，他虽然拥有若干追随者和令业界瞩目的初创企业，自身却遭受抑郁和忧虑的困扰，觉得自己的事业目标和行业风气格格不入，最终失去了勇气和信心，选择了撒手而去。

创业从来就不是什么简单的事情。虽然许多创业者工作努力，认为自己付出了足够多，但在充满未知的商业新领域中，创业犹如丛林探险，没有任何一条道路是已知安全的。创业成功的设想有千千万，但衡量是否成功的标准只有一条，那就是有多少用户，获得多大的风险投资。无数人在创业路程之中迷失了自我，甚至像兹托米尔斯基那样失去了未来。

相比之下，卡兰尼克有着强大的内心。交完罚款，他还是那个身先士卒的

CEO：每天，他都要跑至少15家公司推销业务，另外还要打100个电话预约第二天的会面。为了有充分的时间和客户沟通，人们看到他的时候他几乎都在打电话，开车时打、吃饭时打、上厕所时打……由于过度使用电话，卡兰尼克罹患了耳鸣，并伴有偏头痛，但他没有时间去治疗，以至于病根始终追随着他。

为了提醒自己不要失去斗志，卡兰尼克特意定制了一双袜子，上面印着"流汗，流血，吃泡面"几个词组。这是当初Scour公司内部流行的口号，意味着即使吃尽苦头也要打造出好产品的决心。现在，卡兰尼克用它来激励自己，当感到疲倦或泄气时，他就会想到袜子上的那排英文，胸中随即升腾起不灭的灵魂火焰。

有了精神动力，人可以数倍、数十倍地发挥毅力，面对现实。在参加拉斯维加斯国际消费类电子产品展时，为了省下住酒店的钱，卡兰尼克选择在租来的汽车里睡上一夜，第二天，他干脆和流浪汉学习，跑到豪华赌场旁边的卫生间里冲澡。

另一次，旧金山某公司的高层通知他，第二天上午九点可以会面。卡兰尼克毫不犹豫地同意了。放下电话，他马上设置好手机闹铃，因为前一天晚上，他还必须在洛杉矶和重要的客户见面。这意味着他必须在深夜从洛杉矶出发，开车赶在第二天早上九点前抵达旧金山。由于睡眠不足，卡兰尼克在高速公路上几乎睁不开眼睛，只好在路边停车稍做休息。等他再次睁开眼睛，发现天色大亮，已经是上午七点，他立刻重新出发，赶在客户上班前来到办公室。

听说卡兰尼克是深夜开车赶来，客户老板瞪大了眼睛，这个沉稳的中年企业家自认为非常了解年轻人，但怎么也没想到外表休闲随意的卡兰尼克，为了生意可以如此拼命。缘于这一点，企业家相信了卡兰尼克的推荐，选择了他的公司，又成为他忠实的用户。

在2001年"9·11"事件之后的六年中，卡兰尼克几乎都是在如此的工作节奏下度过的。他每天都会被人拒绝，每天又会去寻找新的可能客户。这种需要不断深入市场营销，和客户面对面交流接触的经历，打造了卡兰尼克无比坚韧的强大内心，他不再害怕任何失败，因为追求成功已然成为其生命的状态。

看到公司老板如此努力，其他员工更是没有理由动摇。在所有人的不断坚持下，公司终于活了下来，撑到了互联网产业更迅猛成长的时刻。

2007年，美国互联网市场一片欣欣向荣。当年，整个美国五大搜索引擎总共完成96亿次搜索，比前一年增长了15%。同时，Facebook、维基百科、Twitter等网站的独立访问人数都大为增加。以Facebook为例，全年的独立访问用户数量为3470万人，相比2006年增长了81%。

如此浪潮下，当年那些将卡兰尼克告破产的好莱坞公司也坐不住了，它们必须采取更好的下载技术，这样的技术只能从卡兰尼克掌管的新公司这里获得。当年曾经起诉他的29家公司中，有23家在此时成为他的客户，大笔钞票伴随合同纷至沓来。从某种意义上来说，卡兰尼克最终完成了他的"复仇"计划，向市场证明了自己的远见卓识与不凡能力。

在创立公司七年之后，卡兰尼克决定停下来歇口气，也得以享受生活。更为重要的是，这七年间，他没有任何收入，无法承担家庭的责任，也无力回报双亲，而此时正是弥补这一切的时候。

2007年，一家名为Akamai科技的公司，以1900万美元买下了卡兰尼克的公司。作为最大股东，他理所当然地获得了丰厚的回报，其数字足以令普通人目眩神迷。虽然在硅谷，这只不过是一次小小的收购而已，但卡兰尼克对结果感喟不已，他说："为了这一刻，我连续六年每天都要被人拒绝几百次。当你有过这样的体验，你一定会变得坚强，因为除非你的信仰无比坚定，否则你不可能坚持下去。"

连续九年的创业，让卡兰尼克学到了从校园里永远无法获得的宝贵成长经历。他变得成熟起来，不再只是当年痴迷技术和产品的年轻人，更具备了深厚的营销能力、广泛的社会关系和强大的领导能力。但另一方面，如此漫长的创业经历，以及屡遭打击和背叛所带来的打击，也让他的心灵不堪重负。为此，他决定暂时离开，去游历世界，重新认识自己和社会。

新的旅程，就这样开始了。

成功创业者需要具备的基本素质

在继续卡兰尼克的旅程之前，我们有必要思考这样的问题：在人类长达千年的商业历史中，创业者浩如烟海，其中成功的例子不胜枚举，而失败的数量更是不计其数。探求成败背后的规律，获得通往更多幸福、更大价值的路径，是无数人孜孜以求的梦想。

在影响创业成败的因素中，自然有客观的一面，例如时代环境、社会氛围、地域特点和产品性质等等，也有着偶然甚至运气的部分。但在更大程度上决定结果的，是创业者个人所拥有的一切。换而言之，只有获得了充沛的个人资源，创业才会最大可能地按照事先的设想和规划推进。

那么，除了拥有基本的起步资本之外，成功创业者还需要哪些最基本和最重要的素质呢？从卡兰尼克的早期经历中，我们不难发现下面这些因素：

首先是发现正确产品的眼光和能力。没有好的产品，再大的梦想都只能是空想。今天的创业产品早已不限于实体，它可能是一种新的服务，一种新的理念，甚至是一种新的关系，但它必须能够为充分数量的人群带来价值。此外，为了减小阻力，其相关领域必须有一定的基础。

找到这种创业产品并不简单。这需要创业者有多年如一日的积累，正如卡兰尼克那样，能够在某些领域内成为真正的专家。那种利用信息不对称优势进行的赌博式创业，或者采取跟风式的冒险创业，在互联网时代下已经很难成功。从百度的李彦宏，到腾讯的马化腾，再到小米的雷军，无一不是卡兰尼克式的人物。他们拥有相关技术背景，又在行业中浸润多年，从对产品和技术的了解来看，他们也是业界翘楚，创业成功也就水到渠成。

其次是充分的领导能力。创业和工作不同，职场上的好员工或许可以靠一己之力实现晋升，但创业者必须要打造出优秀团队。想要获得高超的领导能力，自信心不可或缺，每时每刻都需要对未来保持充分信心，坚信在自己和伙伴的努力下可以战胜困难。此外，还需要良好的人际关系、持久的耐心、独立的判断能力、丰富的管理经验，最重要的是，创业者能够乐于为一群人的梦想负责。

再次是有积极寻求投资的意识和能力。白手可以起家，但不可能实现真正意义的创业，在资本大鳄横行的年代，无法打动风险投资的企业最终只能面临被吞并的结局。想要打破宿命，你需要像卡兰尼克那样，四处寻求风险投资，即使一再退让、一再受挫，也不停下脚步。尤其不应忘记那句风险投资界的名言："寻求风险投资的成功要素，第一是人，第二是人，第三要素还是人。"这说明，投资方最看重的是创业者个人，大到诚信意识，小到经营能力，甚至包括家庭情况、个人爱好，都在投资者观察范围之内。

不应忽视的是，创业不容许法律上的失控。在第一次创业中，卡兰尼克或许做对了99%，但唯独遗忘了法律风险，这1%的失控，就足以杀死整个创业项目。创业离不开创新，而很多情况下创新必然需要突破现有的监管体制与利益框架，注定会破坏既得利益阶层的盛大宴席，这种破坏力既是创业的生命源泉，也可能是无意中套住自我的绞索。

同样是创新，土豆、优酷能够从最初的版权风险中全身而退，获得健康成长，而快播创始者则只能银铛入狱等待命运发落。同样是创新，Facebook的扎克伯格就能一战成名，而卡兰尼克则在最开始遭遇了挫折。其原因并不在于他们谁更有道德、谁更有社会责任感，而在于谁最先意识到法律上失控的风险，谁找准了破坏力和安全感之间的平衡点。

在提倡万众创业的当下中国，怀有创业梦想的人比比皆是，这固然是成功者最好的时代，但也有可能是失败者最坏的时代。在正式踏上征途之前，先审视自己是否具备了值得命运女神垂青的资本，或许是创业者在百忙之中需要最先做的准备。

第二章　搅局才有新机会

旅途陡现新商机

2007年，卡兰尼克的创业旅程暂时画上逗号，而他的人生旅行才刚刚开始。

和身边许多朋友一样，卡兰尼克从小就希望去更大的世界看看。虽然美国有着广袤的国土、多样化的自然景观和民族风情，但毕竟只有数百年历史，无论是文化还是人文的积淀，都远谈不上丰厚。正因如此，生于斯长于斯的年轻人，更希望通过长途旅游，去体验各国的风情，感受真正的传统文化。

卡兰尼克很快做好了准备，然后拨通了好友格瑞特·坎普的电话，邀请他陪自己环游世界。坎普同样是成功的创业者，2001年，他刚刚从软件工程专业毕业，就和两位朋友合作开发了浏览器插件。这个插件可以根据浏览者的爱好为其推荐对应的网站，因此得到很多用户喜爱，他将其发展成为StambleUpon网，并以7500万美元的价格卖给了eBay网。

人生际遇正是如此奇妙，由于选择了坎普这位旅伴，卡兰尼克才由此打开了Uber的创业历程。当然，坎普自己也受益匪浅，他始终担任着Uber的董事会主席兼顾问，在最新的福布斯财富榜上，他持有的Uber股份已经超过了53亿美元。

和许多美国人一样，他们将旅行的首站定在邻国的加拿大，他们攀登了位于加拿大努温特省的世界上最陡峭的山峰芒特索尔山。这座山主峰高达5499英尺（约1675米），其平均角度也达到惊人的105度左右。卡兰尼克和坎普在精心准备之后，成功登顶，当他们站在山顶，远望连绵起伏的群山，看着阳光穿透云层照射在雪山顶上反射出的壮美白光，心情无比舒畅与自豪。

随后，他们还游历了诸多国家和地区。旅行会改变人的心境。看了如此多的美景，卡兰尼克感受明显不同了。他的生活中不再充斥着那些枯燥的代码，脑海中也不再总是不分昼夜地排列着紧张的日程，身边的人也从那些表情严肃、西装革履的投资人代表，换成了活力四射、轻松时尚的年轻人……从日本到夏威夷，从希腊到葡萄牙，从澳大利亚到塞内加尔，他遇见种种风景，接触了各种不同文化背景下的人，让他更好地认识了自己和世界。他隐隐约约地感觉到，今天的地球，在互联网和资本的结合下，人和人之间原本难以跨越的时间和空间，已经被压缩到只需要一个按钮就能跨越的距离。正是在这样的背景下，才不断涌现出新创业类型、新商业模式，并构建了全人类新的生活与思想体系，切实地改变了每个人。

面对日趋变小的地球村，自己手握着创业之后的第一桶金，将何去何从？

这个问题萦绕在年轻旅行者卡兰尼克的心头，始终无法得解。无论是在巴厘岛的海滩上仰望星空，还是在北海道漫天飞舞的雪花中浸泡温泉，它随时随地都会冒出，并幻化成为各种场景。这些场景有的来自童年回忆，有的则是对未来的幻想，更多的则来自旅行中的一幕幕画面。

卡兰尼克依稀记得，童年的旅行，更像是自己一个人的体验。父母曾经租来宽敞的房车，带着自己和妹妹去亚利桑那州游玩，卡兰尼克现在还记得自己趴在窗口向外眺望沙漠落日的场景。但这种体验只停留在日记中，存放在家庭泛黄的相簿中。

而今天，旅行显然大不相同。

旅行不再只是个人从某地到某地的物理移动，也不只有个体生命体验的丰富，更多是与陌生人的共享。出行前，通过互联网了解目的地，形成旅游路线和计划；可以提前从互联网上订到打折的飞机票、横穿大陆的"欧洲之星"快车；在旅程中，和陌生人分享好听的音乐、电影、食物、地图信息，并彼此交换电邮地址和手机号码，即便他们原本和你生活在相隔数千公里的异国他乡，你们也可以盯着手机屏幕上最新的天气信息，谈谈对目的地天气的预测……

互联网时代的旅行，成了一个人和全世界互通有无、共享体验的最佳方式。这让卡兰尼克深有触动。他发现自己不再是那个房车中的小孩，而是置身于可以和地球上所有人联系的世界中。

2008年，游历世界之后，他们重新回到巴黎，参加欧洲最大规模的互联网大会LeWeb，随后便发生了本书开头的那一幕。当好友硬是将卡兰尼克按在电脑前，并向他展示自己注册的UberCab网站之后，卡兰尼克听到了内心的呼声：

向前一步，让世界共享！

向前一步，出租车

共享，是互联网精神的灵魂所在。

互联网并不只是人类交流沟通的工具，它带来的是全人类生存方式的改变。在互联网社会到来之前，甚至上溯千百年，人类在经济、社会和文化等诸多领域，早已呈现出从个体走向群体，从单一走向多元的变化过程。从早期农耕文明下一家一户的自然家庭经济，到机械工业时代的公司企业制，再到电气时代全社会进一步的紧密协作……经济发展的每一步都在昭示，资源将会越来越普遍地被社会整体所分享，而非分割成细碎化的形式被个体专用。

这同时也意味着，互联网时代下的人类个体，不可能再如同荒岛上的鲁滨孙一样自给自足，只有相互提供各自掌握的资源，才能更好地实现个体生活的幸福美满，促进家庭、国家和全人类的进步。

经过一年的游历和思考之后，卡兰尼克终于领悟到了未来创业的方向：打造出共享经济的平台，符合每个用户的体验需求，也符合人类进步的需要。与此同时，他也认识到这种创业方向的艰巨性，共享不可能一蹴而就，共享经济大厦的建造，既需要和社会的发展保持同步，更需要挑战传统观念的束缚甚至压制。

但卡兰尼克从小就不是轻易服输的孩子，创业以来的艰难困苦，将他的性格磨砺得更为坚决。他相信凭借自己的能力，必定能够挑战这一看似不可能的任务，实现从私有走向共享经济的跨越，改变人的思维理念。而突破口，正是激活了他斗志的出租车行业。

出租车行业，是人类最古老的行业之一。而其问题恰恰在于：它太古老，太需要改变了。

西方史料记载，最早在1588年，就出现了承揽出租业务的四轮马车。到1620年，英国伦敦出现了第一家专业的四轮马车出租车队，这家车队可谓"脑洞大开"，虽然只有四辆马车，但车夫们身着统一定做的制服，驾驶马车来往于街道，引起了伦敦人极大的关注。很快，效仿者纷纷出现，出租马车行业迅速扩大。为了加以规范和监管，也为了从中获取更多税收利益，英国议会在1654年颁布出租马车管理法令，并开始向出租马车车主发放营业许可证。

此后，任凭岁月变迁和社会沿革，出租车行业的大体格局始终未发生太大变化。尽管到1897年，德国斯图加特出现了世界上第一家出租汽车公司，但政府监管规范、公司打造平台、司机一线工作的总体模式几百年未曾变化。世界上绝大多数政府都通过各种法令规定，出租车行业必须由公司经营，不允许个人经营，在集约化经营的框架之内，公司必须对出租车经营权加以有偿使用。

从历史上来看，这样的格局当然是有利于出租车发展的。但卡兰尼克敏锐地发现，今天世界各国的出租车行业利益格局，几乎都带有压制共享经济发展的弊端。数量的管制、公司化的垄断，导致出租车行业呈现一边倒的图景——最强势的是政府，其次是出租车公司，再次则是司机，而最弱势的则毋庸置疑是没有选择权的乘客。由于数量管制的存在，政府可以一手决定行业的规模，也可以随便改变行业组织形式，公司也能在很大程度上左右这些政策的制定。相反，司机则必须承担高额的份子钱、高强的工作量，乘客则只能作为分散的个体，面对越来越长的等车时间、越来越高的价格、越来越堵的道路和越来越差的服务质量。

卡兰尼克走过这么多国家，深谙出租车行业弊端所在。他明白其中的矛盾并非靠改变政策或公司转型就能解决，更不可能依靠出租车司机和乘客的个体力量。想要让人们获得更好的出租车服务，就需要让互联网精神渗透其中，以全世界都未曾体验过的方式，去推广新的消费关系。

带着这样的感悟，卡兰尼克和坎普于2009年回到旧金山。重新站在熟悉的硅谷街头，看着身边那些行色匆匆的高科技企业员工，他仿佛从这些年轻的面孔上看到了当年的自己，不禁又燃起了新一轮的创业激情。

然而，卡兰尼克唯一担心的事情总是会不时干扰他的创业思路，那就是他的年龄。在硅谷有这样一句话："30岁就是中年。"背后的真相很残忍，高科技创业永远是属于年轻人的，如果30岁以后你还在创业，十有八九难以成功。卡兰尼克当然也担心自己的"中年危机"，不知道自己是否还会有足够的勇气和决心来创建新公司。

就这样，卡兰尼克度过了情绪起伏的两周。为了转移注意力，坎普推荐他看一部电影《午夜巴塞罗那》，这是部刚刚获得美国金球奖的电影，影片将男、女主角的情感拍得真实自然，充满浪漫主义的唯美情节。卡兰尼克很喜欢这部片子，他本以为如此文艺的电影必然出自某位年轻人之手，但谷歌搜索给出的答案让他大吃一惊，导演伍迪·艾伦居然已经70多岁了！

看着页面上的文字介绍，卡兰尼克下定了决心：既然70多岁的老人还能拍出这么棒的电影，我又有什么理由不在当下努力奋斗？

最后的心魔被驱逐了，Uber的征程，终于迈出最重要的第一步。未来的事实将证明，这是多么重要的第一步。

从两个员工到全美团队

卡兰尼克从来不掩饰对自我的追求，很长时间内，他的推特网站账户头像，都是小说《源泉》（*The Fountainhead*）的封面。这部小说很有影响力，主要故事情节是身为建筑师的主角，如何同竞争者和报纸专栏作家进行斗争。书中不仅举起了个人英雄主义的旗帜，同时还传递了作者对时代问题的种种看法，包括如何看待善恶，怎样评价规则与反规则，应该抱有何种态度去进行创新，等等。尤其打动卡兰尼克的，是书中主角霍华德·诺克（Howard Rock），他从一开始就被周围所有人认定为"狂人"，但依然取得了最终胜利。卡兰尼克很喜欢该书，但他并没有单纯地将诺克这个人物形象作为自己的精神偶像，更多的是从该书中吸取力量。

在电影《午夜巴塞罗那》的刺激下，卡兰尼克内心的斗志被再次点燃。卡兰尼克迅速着手组建公司。在一次和创业圈朋友聚会的活动中，他详细介绍了关于UberCab这个产品的想法，并对其中细节加以描述：想要打车的人只需在手机上安装App，由系统对自身地理位置进行定位，一键点击之后，就会有专门车辆来到身边。

这个产品是人们从未听说过的，甚至连想都没有想过的，大家已经习惯了通过烦琐的电话预订模式来提前叫车，也习惯了在车水马龙中招手寻觅亮着空载灯的出租车，根本不相信在交通资源紧张的现代城市还能如此便捷地叫车。很多人都对这个想法感到不以为然，包括畅销书作者作家蒂莫西·菲利斯（Timothy Phyllis）在内，都只是付之一笑。然而，参加聚会的毕竟都是各界精英，其中不乏独具慧眼者。著名的投资人克里斯·萨卡（Chris Sarkar）看到了其中的希望和商机，他相信，这个看似不可能的主意背后，蕴藏着巨大的市场，其范围有可能从一个城市拓展到整个国家，乃至蔓延到全球。

萨卡表达了自己对项目的兴趣。在他的支持下，UberCab公司正式成立。

有了起步资本，挂牌营业并不难，但当务之急是找到愿意加入公司的员工。虽然卡兰尼克和坎普都有充足的时间和精力投入工作，但毕竟企业还需要全职员工来进行业务开发。

卡兰尼克稍做思考，想到了从推特网站上招聘的主意。2010年1月份，他打开推特网，登陆了账号，发布了一条简单的推文："现招聘企业产品经理，基于地理位置信息服务的网络业务开发杀手……可获得公司大股权！"

招聘推文简单明了：产品是"基于用户地理位置信息的服务"，水平应该是"杀手"等级，职位是产品经理，而给出的回报则是大股权。在卡兰尼克看来，真正愿意投入精力创业的人，会很快被这样的内容所吸引。

第二天，就有人私信了卡兰尼克，并留下电子邮箱。在随后的邮件往来中，他自我介绍说叫赖安·格拉夫斯（Ryan Graves），软件工程毕业，曾经在通用公司实习，做过数据库管理。目前在手机服务网站Foursquare工作，负责业务开发。赖安坦诚地说，自己当初曾经在Foursquare求职但被拒绝，为了积累经验，他现在是免费兼职为他们工作，毕竟自己爱好"基于用户地理位置信息的服务"这个领域，而且相信未来该领域会有巨大市场。

卡兰尼克对他的背景很感兴趣，更为重要的是，和不同人才的接触让卡兰尼克发现，新成立的UberCab公司无法吸引更高端人才的加盟。毕竟这只是个初创企业，是否能盈利尚且未知，很多人听完他对服务模式的介绍之后便丢下一句"有空再联系"，然后消失在网络的那一端。相反，在格拉夫斯的邮件中，流露出的是好奇和积极，这种野心让卡兰尼克明确，对方是自己喜欢的合作人。

3月1日，卡兰尼克和格拉夫斯签约，任命他为公司的第一任首席执行官。这恐怕是世界上最没有权力的CEO了，因为整个公司包括董事会在内，总共只有三个人。即使这样，格拉夫斯还是乐在其中，他对卡兰尼克的理念推崇有加，并毫无私心杂念地投入工作中。

卡兰尼克后来回忆说："格拉夫斯总是努力做到最好。从他进入公司之后的第一天开始，就和我们一块工作。每周我们会一块研讨项目15到20个小时。他很聪明，很快就了解了这个创业游戏的规则，并且为打造整个团队努力工作，他们在旧金山打开业务，随后就取得了巨大的成功。"

2010年，CEO职位由卡兰尼克担任，格拉夫斯则作为创业元老留在UberCab，担任全球业务负责人。目前，由于Uber公司的最新估值达到500亿美元，格拉夫斯手中的股票价值达到15亿美元，这也让他从一名免费员工，跃升进入《福布斯》杂志所列的全球亿万富翁榜中，实现了完美逆袭。

格拉夫斯既然能被卡兰尼克看中，被挑选成为UberCab的第一位员工，自然有其过人之处。在他的协助下，Uber项目迅速运转起来，他们联系到了一些资深司机，由于资源有限，因此主要向商务人士提供高端车的接送服务。

随着企业小有规模，卡兰尼克已经想得更远，他雄心勃勃的性格注定要为了改变全世界而不断扩张公司。为此，他将业务拓展到华盛顿、芝加哥、纽约、拉斯维加斯等全美不同的大城市，UberCab的运营模式开始了疯狂复制，从大西洋港口到太平洋沿岸，越来越多的美国人听说了可以"一键叫车"的UberCab名号，好奇心促使他们纷纷拿起手机，下载软件，追赶新鲜和时尚。

UberCab公司迅速成长，服务不再仅限于高端车接送服务，为此，新进公司的员工也越来越多。2011年，在旧金山的UberCab总部，卡兰尼克的手下只有20名正式员工。但到2012年，整个美国UberCab公司已经拥有100多名员工，他们分布在不同城市工作，力图改变出租车行业运营的面貌。

伴随员工队伍的扩大，Uber的运营范围也不断蔓延，从北美走向了拉丁美洲、欧洲、中东、非洲和亚太。梳理其发展时间脉络，往往会被其成长速度之快而震惊：

2011年5月，Uber Cab正式改名为Uber。随后，在美国20多个城市开展租车业务；

2012年7月，Uber成功落户英国伦敦，公司名下虽然只有90名司机和宝马、猎豹两种车型，但已经走出了抢占欧洲租车市场的第一步；

2013年2月，在花费了一年多时间对亚洲业务加以观察和筹备之后，Uber进入新加坡；

2013年6月，韩国首尔Uber正式上线，两天后，中国台北也进入Uber服务地区列表，随后，Uber进入中国香港、日本东京；

2013年8月，Uber开始在上海测试和上线，三个月之后，深圳作为布局城市上线；

2013年11月，有1100万人口的莫斯科迎来了Uber；

……

从两名员工，到新兴的世界范围互联网叫车公司，卡兰尼克只用了一年不到的时间。但他并没有为之自满，因为这对于向前一步的共享梦想来说，仅仅是个开始。当然，创造这个美妙开始的力量，不只是他和越来越多的伙伴们，更离不开从一开始就出资支持他的"天使"：克里斯·萨卡。

泡着澡，把投资人拿下

卡兰尼克在推广UberCab想法的初次聚会中，吸引了天使投资人克里斯·萨卡，后者同样是硅谷的传奇人物。

1998年，几乎和卡兰尼克辍学创业同时，萨卡从大学毕业了。和卡兰尼克这样的"学霸"相比，萨卡几乎是个"懒"学生，他上的是被称为"政客乐园"的乔治城大学，读的是法律专业，整个上学期间做的只有两件事：第一，想办法混过所有的本专业课程考试；第二，用政府发放的学生贷款炒股。

进入社会，萨卡更是倾尽心力投身股票市场，他眼光独到，抓住了20世纪最后10年的互联网股票浪潮，善于钻营的萨卡利用交易平台上的漏洞，靠借款来放大交易。两年之后，他神话般地把最初的两万元本金变成1200多万美元。

可惜，萨卡没有选择全身而退，反而继续加大力度投资股市，随着互联网泡沫破灭，加上后来投资基因企业亏损得一败涂地，反而负债200多万美元。

如果是一般人遭遇如此境地，恐怕早已崩溃。但萨卡却保持着旺盛的斗志来面对失败，2003年，这个喜欢穿着绣花牛仔衬衫的"嬉皮士"，想办法进入谷歌公司，在法律和业务开发团队工作。要知道他没有什么深厚而专业的背景知识，既没有学习过商科和工程，也不懂编程，也未在任何一家大型风投企业工作过。如此资历的员工，在谷歌公司想要出头，简直是异想天开。但他有一种与生俱来的天赋，能不断地发表自己的看法引起高层注意，这固然令不少同事讨厌，但却获得了谷歌创始人拉里·佩奇（Larry Page）的注意。

不久之后，他居然将大嘴巴的风格带到了国外，借出差英国之际，萨卡公开指责当地无线运营商没有将谷歌地图有力推广到英国手机上，这番言论引起谷歌内部的不满，首席法务已经准备通知他走人。没想到拉里·佩奇表现出了对其的欣赏，力主让他留在公司，并将他安排到无线项目的岗位上。

就这样，"胆大妄为"的萨卡一直在谷歌待到2007年12月份，拿到了公司分配给自己的大部分股票期权。由于谷歌在股市上的良好表现，他的股票已经能足够还清债务，除此之外，他还继续研究频谱项目，又赚了数百万美元，并走上了对硅谷的天使投资（Business Angel）之路。

天使投资，是权益资本投资的一种，是指那些具有一定财富的个人或者机构，从众多初创企业中加以挑选，寻求其中具有巨大发展潜力的项目给予最早期的直接投资。这种投资属于民间自发而分散的方式，对于缺乏资金的创业人来说，赞助者的出现，犹如从天而降的福音天使一般；但另一方面，天使投资对投资人来说也意味着高风险和高收益，并非普通投资人所能担当。

或许是命运的垂青，在离开谷歌前一年，同事伊万·威廉姆斯（Evan Williams）设想出了新型的微博客项目推特，萨卡敏锐地发现该服务有着超强的数据潜力和利润前景，就毫不犹豫地填写了一张2.5万美元的投资支票。这份投资在当时看起来似乎无足轻重，但后来却发生了令人惊叹的倍增效应：到2009年，萨卡在连续投资之后花光了现金时，威廉姆斯找到了他，表示要出售已经在股市上价值4亿美元的推特股份。萨卡毫不犹豫地在一个月内靠人脉找到了10亿美元的担保资金和债券，和朋友联手买下威廉姆斯手中的推特股份。就这样，他成了推特的大股东，自己也赚了几十亿美元。

一跃而升成为推特的大股东，让萨卡在硅谷几乎一夜成名。雅虎CEO玛丽莎·梅耶尔（Marissa Mayer）评价说，他拥有特殊的技能，可以发现硅谷任何一家热门初创公司，而且还在天使投资阶段，他就能挖掘出这些公司。对此，萨卡反而自谦道，自己只是善于和看中的企业创始人成为朋友，投资之后，在他们消沉的时候给予安慰，在他们恐惧的时候给予支持。尤其重要的是，"我并不觉得自己需要守住偌大家业，这让我可以比其他投资大鳄做出更快的决定和行动"。

对于这样的传奇人物，卡兰尼克和坎普当然会第一时间邀请他来到推介会上，听取UberCab的项目预想。果不其然，当参会其他人不约而同地表示出质疑时，只有萨卡果断地投下了支持票。

只要萨卡表示出肯定态度，就不会只是停留在口头上。推介会结束不久之后，他就从自己的投资基金会中划入了30万美元到UberCab公司账户。当时，萨卡的基金会总共只有不到800万美元的规模，能够一下拿出这么多，确实需要不小的勇气。

然而，对于急需成长动力的UberCab来说，这点钱远远不够。卡兰尼克必须想办法，从对方手中拿到更大限度的支持。

好在萨卡家的大门永远是向创业者开启的，前提是你有足够的资格迈入圈子。萨卡经常会邀请硅谷的企业家和投资同行，来到自己位于特拉基的豪宅中聚会，在卡兰尼克的建议下，大家会在那宽大奢华的冲浪浴缸中泡上几个小时澡，喝酒聊天，谈论变化中的世界，分享各自的生活、事业和未来。卡兰尼克将这种聚会称为"浴缸聚会"（Jam Tub），这是他之前所发明的"平板电脑聚会"（Jam Pad）的2.0版本。这样的时光同样也符合萨卡的需要，也可以将其看作是精心设置的一种"面试"，因为当男人们真正"坦诚"相见，在最放松的状态下沟通时，恰恰是互相观察的最好时机，也是挑选伙伴的舞台。

在浴缸聚会之后，萨卡进一步意识到UberCab的前景巨大。他在推特上公开表达对Uber的看好，并向朋友和粉丝们呼吁："关注@Ubercab！"除了这些支持之外，萨卡还从中协调沟通，帮助卡兰尼克从环球唱片集团手中直接拿到了"Uber"这个名字的正式使用权，使公司得以改名。随后，萨卡不断追加着对Uber的投资，正如他当初对推特创始人所做的那样。

一山难容二虎。当Uber逐渐壮大之后，萨卡表现出对公司越来越大的控制欲，他开始忙着从其他投资人手中购买Uber的股份，这样的行为影响了卡兰尼克对他的看法。类似的事情在投资者和创业者之间时有发生，当最初的蜜月度完之后，剩下来的往往是围绕着控制权进行的竞争。卡兰尼克尤其如此，他将改变世界的梦想寄托在公司中，当然不允许有他人取代自己，为此他特地警告萨卡：不要再以顾问的身份，出席公司的董事会议。

现在，除了法律上的股份关系之外，两位天才人物之间已经没有什么话好说了。但毕竟曾经惺惺相惜过，虽然控制Uber的努力失败，但萨卡还是坦率承认，自己依然是公司产品的粉丝，一旦自己不开车，还是会选择用Uber叫车。

2009年，有了忠心耿耿的员工，又有着如此神奇的"天使"，卡兰尼克和他的Uber帝国，崛起看来只是时间的问题了。

不颠覆，创什么业？

回望卡兰尼克的早期创业经历，探寻他如何找到Uber帝国的崛起路径，我们就不能不注意到一个词——"颠覆"。

任何成功的创业，都是从"无"到"有"的过程。对商业模式的发现，源于对人类社会资源的整合，从头至尾贯穿着对人与人、人与企业、企业与企业乃至一切资本之间关系的重新塑造。如果创业者能够做到这些，就会距离心中的梦想越来越近。相反，即便创业者有丰富的才智和资本，却以效仿为能事，将创业等同于亦步亦趋的投资、宣传、运营，把他人抢占风口的经验当成指南，就很可能面临失败。

当卡兰尼克卖掉其创业的第二个公司时，面对着的正是如此困难。那时，互联网泡沫经济已经平息，对梦想破灭的经历还心有余悸，抢得风气之先的谷歌、Facebook、推特、亚马逊等企业则刚刚走到前台，获得资本的注意。可以说，卡兰尼克于此时选择休息和旅行一年，而不是贸然出击再次进行创业，是不乏明智的选择。今天有人认为，当时他面临的是再次失败的困境，显然这种说法并不足以说明其内心的彷徨，真正原因恰恰在于找不到可以颠覆的领域。

对于真正的创业者来说，他们知道无论是年龄、时间和精力，还是手头的技术与社会资本，都是有限的。与其在并没有竞争力的创业项目上徒然浪费精力，不如等待时机，找到最具有破坏力的项目，一举进入旧有行业格局，扮演不折不扣的"门口野蛮人"，成为那个令整个行业都愤恨不已而又胆战心惊的

"搅局者"。

这就是创业的法则，创业意味着创新，创新则必须打破旧有的利益分配方式和行业体系，将市场这块蛋糕以一切合法的方式，从曾经的垄断者手中夺走。虽然听起来很残酷，但不抢走蛋糕的创业，必然无法成功，这几乎已经成为所有创业的共识。

即使从更早的商业史来看，颠覆的作用也从未失效。早在1821年，英国的科学家戴维（Davy）和法拉第（Faraday）就发明了称为电弧灯的电灯，这种灯的唯一缺点在于光线刺眼、寿命较短，由于无法成为旧有照明器材（煤油灯、蜡烛、煤气灯）链条的搅局者，就难以在市场上分享蛋糕，更谈不上有效颠覆，他们的产品根本无法形成产业。然而，当托马斯·爱迪生（Thomas Edison）抱着搅局者的心态来研究电灯时，情况就截然不同了，他以看似落后和笨拙的方式进行试验，在13个月内试用了6000多种材料，才确定了具有实用价值的电灯。虽然这样的产品依然受到传统照明器材的压制，但颠覆力量业已形成，创业之势不可避免，爱迪生很快凭借这一产品拿到来自摩根财团的投资，并一举创业成功，奠定了未来通用电气集团的基础。凭借这次伟大的颠覆，爱迪生不仅实现了事业成功，也为此"不公"地成为电灯的发明者享誉世界。

商场如战场，创业之所以是一座由失败者眼泪所铺成的金字塔，原因在于创业不是跟风，也不只是创新，而是带有"强烈破坏力"的创新。因此，创业之前，企业家必须拥有藏獒般的斗志，明确自己需要改变的领域，为自己找到假想敌，此外，还要具有如卡兰尼克般的旺盛斗志、敏锐嗅觉和果敢执行力，并能打动想要说服的投资者，得到开启创业成功大门的钥匙。

颠覆无罪，创新有理。让创业翅膀飞起来的同时，请磨砺利爪，去挑战传统规则。这一点的重要性，在Uber发展的过程中已经充分显现。不用列举太多例子，只需要看看他们推出的服务，就知道他们是如何将打车这件看似普通寻常的事情，变成了人们从未体验过的"酷"。

嘿，北京出租车"份"起来

令上海叹为一声"了"

深圳出租车牌照大拍卖

杭州好简单

公司收走抛了新款司机

UBER信号，换乘，开始玩起

第三章　出租车天翻地覆

嗨，让高端打车"酷"起来

在绝大多数人的生活记忆中，打车，既不是富人"接地气"的好玩事情，也不是平民街头浪漫的一味调料，而是难以回避的现实需求。出租车带给中国城市居民的体验，在过去数十年中几经变化，从一开始的便捷高效，到后来的寻常普通，再到成为80后、90后年轻人的日常生活。很多人都难忘2008年那场大雪，南方城市的出租车随意涨价潮，而其中每个人又都能由此联想到其他时间遭遇过的更多打车困境，毫无理由的拒载、自作主张的绕路、擅自拼客的肆无忌惮、充满酒气的后座、脏兮兮的座位垫、抽烟或多话的司机……虽然这只是传统出租车行业中的少数阴影，但人类心理运行的机制决定了记忆最深刻的恰恰是那些负面信息。

同样的问题，在美国也同样存在，直到Uber的兴起，才将高端打车变得"酷"了起来。

2010年夏天，旧金山街头突然多了一种新的叫车服务。最初，只有很少的人了解这种叫UberCab的产品，这并不奇怪，在美国这个世界第二大人均汽车保有量的国家中，普通汽车已经是寻常百姓家庭的生活用品，更何况传统的租车公司中不乏佼佼者。因此，UberCab明智而谨慎地将服务人群限制在高端用户群体中。

这是卡兰尼克和坎普在多次讨论以后制定的运行策略。他们发现，将UberCab打造成高端车的出租平台是最合适的起步点，因为这种模式前期投入很小，公司既不需要买车，也不需要雇司机，只需要搭建类似中介的平台，将顾客和那些高端车司机们联系在一起。这种模式似乎更容易被我们所理解，从20世纪90年代至今，无论在中国哪个城市，都会有那么几支高档车队，车主们平时没有什么联系，一旦有了需求，就会有领头者召集人马，为婚丧嫁娶的客户家庭服务。只不过，在Uber手中，这样的车队发生了根本性的变化。

首先，他们注重客户的特殊需求，目标群体并不是普通人。当时UberCab所提供的车大都是林肯、凯迪拉克和宝马7这样的豪华轿车，只为那些参加商务谈判或者吸引异性关注的白领服务。除此之外，通常的交通运营市场，Uber并没有涉足。

随着日后市场的扩大，车型又扩大到了奔驰E级车、宝马5和奥迪A6等等，它们组成了所谓Uber Black系列，后期又有各种中档车进入服务序列，从Uber Black发展到Uber X、Uber Lux和Uber SUV等等。其中，Uber X车型为丰田普锐斯、大众帕萨特等车型，Uber Lux主要有奔驰S级、奥迪A8等车型，Uber SUV则为大型越野车。当这些级别的车辆服务已经被市场充分认可之后，Uber才覆盖到了普通出租车行业。

其次，卡兰尼克追求"酷"的效果，他希望服务带给顾客满满的回忆，而不是下车即忘。为此他对司机们提出高要求：无论春夏秋冬，都要西装革履，还要戴着白手套开车，这种犹如电影画面般的驾驶形象，给用户带来了心理上的充分满足感。

除此之外，面对这些高端客户，Uber还提供各种延伸服务。比如刚刚进入芝加哥市场后不久的情人节当天，司机们都会向每位女性乘客献上一支玫瑰花表示敬意，这让许多女乘客惊喜不已。

虽然Uber的服务很好，但拿下高端客户也不是那么容易的。相对平民百姓而言，这些人群收入更高，影响力也更强，但同时需求也更多。因此，在公司运营最初期，卡兰尼克费尽心机来针对精英们进行推广。

早在2009年年底公司还在草创之时，卡兰尼克就听说了一次全美科技会议要在硅谷召开。他迅速做出决定，要将Uber为数不多的车队全部集中起来，为所有参会人员提供接送服务。卡兰尼克深知这些参会的人员对一切新理念产品都会有好奇心，对新事物有很高的容忍度和接受度，他们是Uber打车服务最好的测试对象，一旦测试成功，就能迅速扩大知名度，提升品牌形象。

经过一番精心准备，好戏开始了。当这些来自全美不同地区的科技企业高管们走到主会场外时，就被Uber公司提供免费服务的广告所吸引了。卡兰尼克带着员工，笑容可掬地迎接着每个无论熟悉还是不熟悉的人，他拿着自己的苹果手机，向每个投来好奇目光的人介绍：只要动动手指下载Uber软件，在散会之后的5分钟，就会有配备了高端设备的高档私家轿车来接您回酒店。

对于这种创业产品的路演，高科技企业的领导和员工一点也不陌生，他们中的许多人都同样从事过类似的推广，从业者的敏感和竞争者的意识，也必定会促使他们略带好奇地接过手机观看Uber产品的界面……

意料之中，这次宣传的效果好得出奇。散会之后，Uber当时所能联系到的车辆几乎都赶到硅谷，一些参会代表因为预订迟了，还纷纷抱怨自己没有机会体验新产品。为了调动这些车辆，卡兰尼克他们支付了不少钱给司机，换来的是Uber品牌在高科技从业人员群体中口碑的迅速建立。卡兰尼克告诉坎普，自己仿佛看见会议结束后，高管们将Uber的品牌影响力带回各个城市的场景。

果不其然，没过几天，公司就陆续收到了许多电话和邮件，有的人想要代理产品，有的人则希望了解投资合作的可能性，还有的则是刚毕业的学生希望能够进入公司应聘。这样，Uber迅速打开了营销局面。

卡兰尼克对自己的主意获得成功感到开心和骄傲，他迅速制订了更多的营销计划，并交给坎普和伙伴们去执行。卡兰尼克知道，公司必须要抓住那些人流量最多、传播效率最广的机会来加以营销。于是Uber在市场上的营销平台几乎五花八门，从节日庆典到体育赛事，从社区的亲子乐园活动，到议员竞选前的街头演讲……只要是聚集和疏散大量客流的机会，都有可能发现Uber的身影，而一旦人们在手机中下载并使用Uber之后，便都会感受到服务的便捷，并将其应用到了日常生活中。

就这样，Uber走进了全美各大城市。随着规模的扩大，它不再是专属于高阶层的用品，而是成为普通人也喜爱的"酷"产品。

带上顾客一起"飞"

2010年秋，Uber产品上市后几个月后，卡兰尼克终于能从亲自抓一线营销的压力中摆脱出来喘一口气。此时，公司已经在许多城市都有了代理处，产品的使用客户群体也在不断扩大，一切都奔跑在正轨上。此时的卡兰尼克，意识到需要思考关于Uber未来的战略问题。

这天中午，他来到公司附近的一家快餐厅解决午餐。当他喝完咖啡，走到收银台结账时，无意中听见身边的顾客正在向前台问路，忙碌的收银员介绍了几句，但顾客并没有听清楚，于是收银员说道："看来，你还是直接用Uber比较好啦！"

无论何时何处，企业家永远对自己产品的名字最为敏感。在柜台边的卡兰尼克听见这段话，猛然意识到Uber服务的意义和价值正在改变。Uber已经成为生活中每个人都可以随时接触到的产品，而这种产品又不仅仅限于乘车的体验，还代表着一种生活方式、一种心情体验和一种感受境遇，它不是属于某些少数人的专享，而是要带着所有顾客一起"飞"。

当卡兰尼克再次坐到简朴的办公室中时，已经怀有与之前截然不同的心情。他打算重新设计Uber的服务产品，豪车、贵族范儿和玫瑰花固然重要，但这并不是面向所有人的，也不应该代表Uber的全貌。

为了让产品更接地气，公司专门召开了几次会议，并进行了不同的顾客体验调查，最终形成了规范化的服务流程，而其中最让乘客有新鲜感的莫过于一键打车和无须支付两大环节。

一键打车，是Uber最开始就在推行的产品亮点。现代城市交通资源紧缺，无论是出租车还是私家车，一旦完成了从起点带到终点的阶段性任务，剩下的时间或者是出租车司机在"扫街"，或者是停放在车主家中、公司或路边。这样的时间其实是汽车资源的浪费，也造成了效率的降低，导致真正需要车的人用不到，而有车的人又无处可用。

为此，Uber特意设置出一键打车的功能。一方面，司机在手机上安装Uber之后，就能够在完成一项任务之后，立刻根据地理位置，获得距离自己最近的拉客任务，这样就能有效降低汽车的闲置率，降低车辆的使用成本，进而可以降低价格，让乘客受惠。另一方面，顾客使用Uber，又能保证他们在需要用车时马上通过手机定位系统，找到距离自己最近的空车，大幅降低了等待时间，提高了生活和工作效率。

因此，设计并推行于近两个世纪前的出租车行业，在Uber"一键叫车"功能下被完全代替，取之而来的是方便、快捷、酷炫。

此外，免支付环节也让人们惊喜不已。

乘客上车之后，并不会看到任何类似于出租车计价器之类的设备。虽然许多人已经在多年的出租车行业影响下，习惯了那个数字不断闪烁跳动的小机器，但卡兰尼克还是力主要在Uber专车中去掉它。在他看来，计价器是20世纪的产物，就像通衢大道上多出来的大石头，毫无意义。原本良好的乘车体验，会因为计价器的存在而让人感觉到多了一层隔阂感，即使用户消费能力很强，计价器的存在也会让他们觉得不舒服。这种体验显然限制了"让顾客飞"的宗旨，因此必须加以破除。

就这样，Uber采取了要求顾客将信用卡和软件绑定的方法，实现自动扣费服务。当新顾客第一次乘坐Uber专车后，会很新奇地发现，不仅车上没有计价器，连软件界面也没有任何支付按钮。他们中的许多人对此大惑不解并询问司机，但司机的解释是，Uber会自动为你扣款。于是，乘客们放心地靠向椅背，开始聆听司机准备好的最新流行音乐，或和司机聊聊最新的体育赛事或八卦娱乐信息，这趟行程很快就从打车变成了朋友般的共同出行。

事实证明，Uber的自动扣款功能，保证了乘客到达目的地之后所要做的唯一事情就是开车门、走人，不仅节省了时间，还带给他们意外的惊喜，当他们看到手机收到的银行扣款短信时会油然发出感慨："真是便宜！"这说明，自动扣款已不再是单纯的功能设计，而是对打车文化的重新颠覆，在互联网技术手段的保障下，打车中的双边行为将变得越来越诚信和健全，无论是司机还是乘客，都必须采取诚信而公开的态度来面对服务价格，原有的那种支付方式将逐渐被淘汰。

当然，让产品具备上述两大特点，花费了Uber产品团队大量的努力。首先，提高车辆使用效率并不是让司机开车到处跑，而是要进行精确的计算和预测。Uber从成立初期开始，就建立了非常专业的科学算法团队。这个团队在卡兰尼克的参与下，研究纽约交通历史，分析其中出租车和私家车的运行路径，建造出具体数量模型，计算在不同区域不同时间需要多少辆出租车。此外，Uber还对道路情况、私家车和叫车习惯进行研究分析，并在预测之后，提前通知司机去那些路段附近等候。

除了这样的常规做法，Uber的计算和运营团队，还会考虑怎样将不同顾客的需求结合起来，进行一次性的满足。这样就能尽量降低成本。举例来说，某个乘客想要从郊区的别墅区到市中心一家写字楼，而位于同样位置的乘客则需要到市区附近的医院，那么Uber会通知位于附近的司机两份单子，以便司机同时接到两个人，一次性将他们带走。这种对需求和资源进行整合之后再发布的方式，是卡兰尼克和他的团队在实际工作中逐步完善起来的，能够很好地达到对人、车、物的及时匹配和传递，实现了真正的多赢，既让顾客感到方便，也最大化了司机和Uber的利益。

正因为带给乘客不同一般的感觉，Uber模式在全美各大城市都获得了充分关注和青睐，其中尤受中产阶层及以上乘客的青睐。人们之所以感觉很好，是因为Uber使用方便，只需要一台联网的手机，同时服务周到，几乎只需要几十秒就能叫到周边车辆，最重要的是，价格也相当合理，因为只需要花费普通出租车一两倍的价格就能获得远远超出前者的服务。要知道，在传统的租车公司，想要租一辆带司机的高档轿车，至少需要提前1小时预订，而且租金最低也需要80美元。

由此，Uber迅速占领了美国人的智能手机，凡是使用过这款软件的人，几乎都会再次选择并频繁使用。经过不完全统计，Uber现有用户平均每人每月会花费超过100美元在租车上，乘客中也多有各行各业的经营者，比如风险资本家马克·安德雷森（Mark Andreeson）就对Uber赞不绝口，称之为"超级棒的体验"，而环球旅居集团的CEO布里安·切斯基（Brian Chesski）则说："有了Uber，你不需要再养车了！"

从产品萌芽开始，到一路的发展，Uber所做的一切都着眼于普通乘客和司机的需求。虽然是互联网技术平台上的新产品，但它接地气、顺趋势，在满足市场需求的同时也获得了巨大的口碑和利益。因此，Uber的颠覆之路也注定越走越顺利。

阻击出租车牌照大亨

Uber提供了优质的服务和罕有的体验，这一切都让乘客们耳目一新。但另一方面，它无可避免地触碰了巨大的既得利益阶层。当然，这种触碰乃至冲撞，正是卡兰尼克所需要的。他不但要把Uber的竞争矛头指向整个传统出租车行业，甚至还要针对其中每个获利者，尤其是那些位于获利链条顶端的"吸血者"。

对出租车利益垄断阶层的闪电战，几乎同时在全美各大城市打响，其中最为漂亮的一役，当属纽约城阻击金·弗莱德曼（Kim Friedman）。

金·弗莱德曼，其貌不扬，身材矮胖。1976年，他跟随父母从苏联移民到了美国，父亲原来是核工程师，到了美国，一技之长毫无用处，只能去开出租车。弗莱德曼从小就浸润在这个行业中，自然对出租车背后的利益链条相当熟悉。后来，他从法学院毕业，又进入一家著名的风险资本工作，学到了投资运营的眼光与能力，并很快将资本触手伸向了纽约的出租车勋章产业。

出租车勋章是纽约市政府"发明"的特色。从1937年开始，纽约市政府严格控制发放的出租车司机执照总数，其数量始终保持在一万三千个左右。凡是有执照运营的出租车，车身都涂为统一的黄颜色，前方装有特殊的勋章，这种出租车被称为Yellow Cab。令人称奇的亮点在于，出租车勋章虽然垄断在政府手中，但也可以通过买卖加以转让和出租，由于其总数始终不变，自从政府推出该项政策以后，价格就不断上涨，在2013年，其单个价格竟然达到130万美元。相比20世纪70年代，价格暴涨了接近90倍，超过了同期几乎任何投资理财产品的平均涨幅。少数人因为投资勋章而成为行业链条顶端的暴发户，而弗莱德曼就是其中最典型的一个。

从1996年开始，弗莱德曼通过银行贷款，专门购买出租车勋章，然后将之转租给司机，收取份子钱。同时，伴随勋章在市场上价格的不断升值，他又用现有的勋章去抵押获得贷款，从而获得更多现金，再拿去收购新的出租车执照。

最开始，弗莱德曼只有60多枚勋章，到2014年，他名下有900多个出租车执照勋章，其个人资产达到十亿美元，每年的租金收入也有几千万美元。但这些财富并不能说明他为纽约人民创造了什么体验，相反，不断飙升的出租车勋章价格，体现在出租车司机不断增加的份子钱上，转而又转嫁到消费者身上。

卡兰尼克想要进入纽约庞大的出租车市场中，必须阻击金·弗莱德曼和他的勋章生意。2011年年底，Uber公司在成立不久后就大举进入纽约市场，邀请那些已经有执照的出租车司机下载App，方便他们在同样的成本下拉到更多乘客。不过，由于欠缺沟通，第二年就被纽约市的监管当局封杀。

吃一堑，长一智，卡兰尼克仔细研究了问题所在，发现了市政府和弗莱德曼之间看似密不可分的"合作"，其实留有巨大的漏洞。经过长时间接触和谈判，到2013年4月，Uber和纽约出租车监管当局达成协议，政府同意对Uber进行有限制的测试运营，运营期为一年，据说，最重要的原因在于当时纽约市市长布隆伯格（Bloomberg）的支持。

可以想象，面临着财政短缺压力的纽约市政府，没有理由放走这块巨大的市场蛋糕。不仅如此，市长布隆伯格迅速开始对弗莱德曼施压。在早些年前，弗莱德曼就阻挠过市政府要求统一更新出租车型号的法案，这已经让市长大人很不满，他曾经当面告诉弗莱德曼说要摧毁他的产业。恰逢布隆伯格在2013年年底即将卸任，无官一身轻的他找到法律条款的漏洞，迅速批准了200枚新的出租车执照勋章。紧跟着，纽约州的上诉法院又批准政府拍卖6000个新的绿色出租车执照，使该部分出租车能够在纽约市内部分区域运营。

政府向弗莱德曼给出的压力，为Uber腾出了市场空间。2014年，新上任的纽约市市长继续表现出对Uber的倾向。在这样的支持下，2014年下半年，纽约的Uber司机开始迅速增长，数量从7000增加到16000名以上，2015年依然保持着增长态势。

纽约市政府如此支持，当然有自己的利益考虑。卡兰尼克签下的协议表明，Uber每一次载客，都将付给纽约市接近9%的销售税，如果平均载客的价格在20美元以上，那么支付给政府的销售税就会超过传统出租车每次支付的0.5美元。

新市长盘算着账目，感觉到希望满满。Uber也没有让他失望，因为仅仅在2013年12月内，公司在纽约市的营业收入就达到了3000万美元，按这个基数来进行计算，即使用最保守的增长速度来估计，到2015年年底，Uber每个月就能为纽约市政府带来上千万美元的收入。这是地球上任何一个政府都无力拒绝的企业税收额度。

　　某种程度来说，"有钱能使鬼推磨"。在全球化的市场经济大背景下，能够提供更多税源的企业将更受政府重视，确实是放之四海而皆准的原则。在Uber正式进入纽约市之后，紧随其后的互联网打车服务企业如Lyft、Gett、Via等公司也纷纷来阻击弗莱德曼。

　　到2015年3月，市场情形转折点正式到来。据统计，Uber在纽约市注册的车辆数字达到了14000辆，这个数字首次超过了依靠执照勋章运营的黄色出租车数量。而从2013年6月到目前，后者每个月的营业收入都在下降，总计已经下降了12%，运载人数下载了16%。现在，除了实际运营里程上依旧保持领先之外，黄色出租车看起来正遭到Uber车的全面攻击。

　　在这种情况下，黄色出租车勋章的价格也不断下跌。从2014年中开始，高企的价格开始下跌，实际成交价在11月时降到了84万美元。此后，勋章价格始终在70万到90万之间。当勋章这种资产由于大环境的改变而价格下降时，一个意料之中的结果放在了金·弗莱德曼的面前，那就是他所依靠的银行开始收紧贷款额度和标准。随之而来的是市场萎缩，买主减少，价格下跌带来的后果犹如地狱之门一般深不可测。

　　对于其他少数靠抬升勋章价格的炒家来说，这种突然而来的大幅度价格下跌的现实，是残酷而难以抵挡的。新的买家不会轻易入市接手，而其他卖家则有可能先行以低价卖出。与此同时，勋章价格的下降，减少了出租车司机所要面对的压力，也降低了消费者所分摊到的价格，并大大改变了纽约城的出租车行业。

　　2016年，Uber对纽约城出租车执照大亨金·弗莱德曼的阻击依然继续，下一步的战役发展状况如何，值得人们期待。但就目前情形而看，Uber将迟早获得全面的胜利。

粉丝经济学

Uber能够成功杀入一个数百年几乎毫无变化的行业，其产品体验固然发挥了重要价值，但这个品牌所包含的吸引力，同样也有难以令人忽视的作用。对许多人来说，Uber并不只是帮助他们叫车的工具，而是能让司机和乘客找到自己的新角色定位——他们成了Uber的粉丝。

众所周知，互联网时代的精神在于公平、公开和资源共享，社会不再只是传统意义上的层级化构成，工业时代形成的机械枯燥的分工环节和运转流程，也由于互联网的引入而面目一新。在互联网时代中，每个人都是社会组成细胞，都能够自行提供和获得信息及资源，并更容易体会到自身价值。Uber符合了用户的内心渴望，因此获得粉丝也就顺理成章了。

卡兰尼克曾经说："联邦快递承诺第二天就把货物送上门，而我们在5分钟就能做到，但我们送上的是一辆车，并带你去任何想去的地方。"这种说法深得人心，因为它让每个用户都感觉到自己在茫茫人海中获得了应有的重视。

Uber轿车软件的界面也隐隐中满足了人们渴求专属感的想法，曾经在工业时代和电气时代被矮化成为"资源"甚至"机器"的人类个体，一度被抹杀了个性，但这一切都在互联网共享时代复活了。当你使用Uber软件下了订单之后，就能看到手机屏幕地图上那个小车图标，一边闪烁一边向地图上你的位置点移动，当它接近你的位置时，你一抬头，就能看见一辆漂亮的轿车闪起前灯，司机透过玻璃正在向你微笑。而你什么都不用说，就可以像这辆轿车的拥有者那样，自然地等待司机下车开门服务，然后潇洒或优雅地上车。这种感觉是多么新鲜而美妙！

Uber毕竟是一款商业软件产品，能够成为其支持者的人，和影视歌明星的粉丝当然有很大不同。Uber粉丝非常理性，他们对产品会有敏锐的挑剔感，他们有自己的立场、原则乃至信仰，绝不只是需要单纯的生活和社交工具，而是借助对产品的共同看法来寻找类似的人群组织。为此，他们希望能够真正理解某个产品背后的理念宗旨，并始终看到产品的未来发展接近期待的变化。Uber正是拥有了这些人，才真正成为一款有强大追随群体的软件，与之相比，无论是滴滴出行或其他打车产品，都有着需要加强的地方。

在拥有产品特点和品牌内涵之后，Uber是怎样一步步建立起粉丝圈的呢？这得益于他们的营销方式。

首先，他们向老用户发放邀请码，一旦老用户邀请了新用户注册使用Uber，无论新用户是乘客还是司机，都能和老用户一起获得全额抵扣车费的现金奖励。2015年上半年，中国自媒体联盟中，一位成员通过向众多粉丝推荐了Uber邀请码的方式，最终获得超过25万元的打车券奖励，一时之间，成为互联网领域内众多从业者口中热议的话题，许多原本自视"清高"的媒体人，也都在各自微博或微信朋友圈中晒出了Uber邀请码。

人们分享Uber邀请码，并不仅仅为了获得事后的物质奖励。由于Uber本身的特点，对这一产品品牌的宣传，成为用户构建自我形象和扩大社交圈的途径之一。宣传Uber，代表着宣传个人形象——追赶时尚、渴望变化和希求创新，这能够让宣传者产生更大的吸引力，形成更为丰富立体的自我品牌。如此作用再加上具有充分吸引力的打车券奖励，Uber才依靠病毒营销，从最初一个城市的用户圈，扩大到全美乃至全球的粉丝圈。

除了病毒营销带来的"拉人头"效应之外，Uber所采用的市场营销活动，也都是围绕着粉丝文化所打造的。在卡兰尼克的要求下，公司从不和广告机构合作，这家企业没有广告支出，总是通过线下活动，直接和用户人群打交道来建立传播圈子，这些线下活动又无一不是同互联网粉丝文化紧密结合的。

2014年，Uber就在北京推出了一键呼叫CEO活动。当时，16个知名企业的高管乘坐着轿车，绕清华大学转悠，学生们则通过Uber软件进行一键叫车，随后和这些高管在车上进行15分钟的面试。当天虽然气温高达33摄氏度，但Uber北京负责人、Linkedin、宝驾租车、App Annie、多邻国等公司的高管都参加了活动，其中部分招聘经理绕着清华转悠了八个小时。由于活动形式新颖，许多学生选择了围观和参与，到场的学生以女生为主，从没有和企业高管接触过的她们，对这样的机会自然感到新奇和兴奋，甚至还有一些学生专门从天津赶来。活动结束之后，不少学生当场拿到了企业录用的聘书，虽然一些学生没有等到自己想要的机会，但还是获得了难得的经历。

毫无疑问，这次活动借助诸多知名新兴互联网企业的影响力，成功地和这些企业"共享"了粉丝。学生们就此既成了企业的粉丝，也成了Uber的粉丝，相比起单纯依靠推广产品本身价值的营销行为，这种营销行为拥有更高的效率。

仅仅在中国，类似的营销活动构成了Uber打下粉丝圈的主要特色。

2015年4月，Uber在上海推出一键呼叫直升机营销活动，价格为2999元一次，20位用户成为其中首批乘客，活动当天，还进行了浪漫的情侣空中求婚活动。共同参加活动的还有台湾明星赵又廷，他开心地表示，希望Uber能够做到一键呼叫钢铁侠，带他经历漫画上的那些冒险。

有意思的是，Uber自身的微博主页发表这一信息之后，点赞数却远不及赵又廷微博的点赞数量，后者大约为Uber所获点赞的27倍。这意味着有高达27倍的粉丝，从赵又廷的"铁杆粉"同时发展成为Uber的未来潜在用户人群。

这一活动之后不久，还是在上海，Uber又推出了一键呼叫佟大为活动。与

Uber合作的明星佟大为驾驶着特斯拉，作为拉客司机满上海"扫街"。乘客们认出佟大为之后惊喜不已，也让他们迅速爱上了Uber这款软件。

Uber在中国进行的粉丝营销，只是其全球社会化营销的一部分。卡兰尼克精明地认识到，未来社会对一个产品接受的程度，并不在于广告投放是否密集、覆盖范围是否广，而在于每个用户自己是否通过活动或事件，真正同品牌相处而产生情感。因此，几乎Uber所有的活动，都会通过和第三方进行线下活动合作，选择出和某个粉丝群体当下时间点最关注的事情，然后走特定性宣传的道路。这种营销的好处在于，宣传变得更为精准，效率也更高。

以一键呼叫CEO的活动来看，整个方案从讨论决定到最终执行，只需要一个人负责，其他员工则负责通过朋友和熟人关系来联系高管加入。因此整个准备和实施活动的过程不超过一个月。这次活动完成之后，公司很快又能够进行新的"拉粉"宣传。

随着粉丝化用户群体的扩大，Uber的使用者越来越多，他们从产品中受益匪浅，同样，Uber也在不断更新技术来满足用户需求。但有意思的是，当初公司刚刚兴起时，即便是最忠诚的粉丝也没有想到，在短短时间之后，Uber的司机群体中，居然还会出现百万富翁这样的高端粉丝，这恐怕就不是普通的营销手法所能实现的了。

做到这一点，Uber究竟有何魔法？

公司老总成了兼职司机

21世纪的第一个十年过去之后，世界在不知不觉中发生了巨大变化。许多人几乎每天都能遇到从未听说过、从未见过的现象：比如无人驾驶车辆早已成为现实，比如坐在家中就能旁听一场上亿人关注的诉讼，比如拿起手机就能在陌生城市和陌生人来一次K歌……最令人惊奇的，居然是来接你上班的那个出租车司机，其实是位公司老总、百万富翁。

澳大利亚有位叫作Kyle的创业者，选择从职业冲浪选手转型做Uber司机。在兼职开车一个多月之后，他意外结识了来自悉尼的天使投资基金代表，通过之后的联系沟通，他最终获得了创业项目的初始启动资金。

在Uber进入中国之初，这样的事情也曾吸引了不少人的关注。一位绿地集团的高管兼职专车司机，在带客过程中偶然遇到万科集团的某高管，结果两人一见如故，最终前者通过后者高价卖出了自己的豪宅。伴随Uber在中国的成长，利用开车来发展人脉进而推动事业的案例已经屡见不鲜。到2015年，即便是那些小公司的老板们，也意识到自己有可能从Uber司机的兼职过程中获取更多的事业资源。

许民浩，是广州一家文化公司的总经理。在异乡打拼多年后，终于事业有成，旗下的公司主要做派对、会展等活动策划。之前，他主要考虑和企业客户合作，从2014年开始，许民浩决定将发展的重点转移到个人客户身上。按照他的解释是，虽然个人活动单价较低，但活动频率和市场空间都比企业要大得多。

但转型的瓶颈也是客观存在的。在广州，许民浩并没有多少私人朋友，更多的只是生意圈，但他明白，想重点发展个人客户，需要构建真正讲感情的社交关系。幸好，他很快就了解到Uber司机这个交朋友的途径。

2015年年初，许民浩开着自己的帕萨特进入Uber市场，开始担任兼职司机。他给自己安排的开车带客时间是每天上午的八点半到十点半、下午五点半到七点半。由于自己担任公司的老板，因此工作时间有着很大的弹性，除了与客户保持联系和具体指导活动，剩下的时间他完全有足够精力处理公司内的日常事务。为了准备充分，在车后座上，许民浩还专门放置了公司业务宣传单，和乘客闲聊时，也会有意将话题引到生日、结婚、聚会等活动需求上。

一段时间后，许民浩还有了自己的宣传经验，对路线也有了心得。上班时，他在客村附近带客，下班则在珠江新城附近，周末来到酒吧街之类娱乐场所。在这些路线上的乘客以年轻白领为主，他们有一定的经济收入，对派对等活动也有一定的需求，正是公司的目标客户。

许民浩这样的"老总担任兼职司机"，具有一定的代表性，其他类型的从业者也有着各自做Uber司机的理由：

——"我为一家私募基金工作，主要投资方向是新兴的移动互联网行业。Uber所蕴藏的共享经济模式我不仅需要研究，还需要深入其中体验。"

——"我喜欢在深夜去CBD那些写字楼带客。就算点上一根烟，抬头仰望那些玻璃窗后面亮起的灯光，也让我充满希望，因为那让我想到当初创业时的不眠之夜。回忆这种情景，会让我更有动力面对现在的事业。"

——"我需要直接和自己喜欢的人才类型交谈，了解他们的性格。因为作为一家创业公司的老板，我不喜欢那种经过彼此精心设计的应聘方式，因为我需要的不仅是员工，而是团队成员与合伙人。"

——"我被总部派到这个城市不久。在这里我除了同事和客户几乎没有朋友，我需要有在一起单纯聊天排解压力的人，所以Uber很适合我。"

——"没有什么理由，我只是觉得不应该浪费我的好车。至于钱，我倒没有想过。"

……

和上面这些司机相似，在Uber司机的团队中，相当多的人并非将开车带客作为收入来源。相反，他们并不太在意这份兼职究竟能赚多少钱。这些人中有外企的高管，也有教科文卫等行业精英，包括政府公务员，同样不缺少互联网企业的精英。这些人的本职工作收入并不低，业余时间看起来也不多，他们之所以选择做Uber司机，除了为享受开拓朋友圈的乐趣，还是为了享受更多的自由空间。

不仅如此，你还很有可能在Uber司机队伍中找到驾驶高档奔驰、宝马或拉风跑车的人。他们有的是投资人，有的干脆就是"富二代"或者"暴发户"，既然可以过上"睡觉睡到自然醒，数钱数到手抽筋"的生活，为什么选择开着好车去做一个普通的Uber司机？

理由很简单。如果按照西方心理学家马斯洛的需求层次论来理解，当人的物质需求和安全需求都获得满足之后，他们会进一步寻求社交需求和尊重需求的满足，在此基础上，他们还会追求实现自我和超越自我的人生境界。当一个人事业有成，获得其原有工作领域内的成就、尊重和地位，并因此手握财富之时，他们依然会有想要通过扮演另一种社会角色的方式，来开拓更多人生的"宽度"，重新体会满足需求的快乐。

从更加实际层面来看，那些并没有一技之长的"拆迁暴发户"和"富二代"，在享受之余，恐怕也只能选择开车带客这一门槛较低的兼职来融入社会，并有机会和陌生人打交道；与此不同的是，许多成功人士虽然有着丰富的知识和良好的素养，但却苦于自己没有太多的休闲时间和外界接触，甚至因此无法解决个人的婚姻大事，选择Uber来认识异性也是一个不错的方法。毕竟，城市中会选择叫Uber专车的异性，无论从经济能力还是思维意识方面，都是他们所愿意接触的层次类型。另外一方面同样存在的现实是，在Uber车主中不乏喜爱或擅长猎艳之徒，他们只希望通过驾驶豪车带客来"搜集"不同类型的女孩，甚至还会在一起交流经验、形成圈子。但这一切如果没有违反法律，又怎能说不是Uber真实存在的市场理由？

Uber从一开始就选择相对高端的市场进行细分，这让它有了"蓝血"血统，即使公司迅速向大众化发展，也始终没有忽视对这个细分市场的关注。因此，Uber在其部分用户人群中形成了较为固定的区间，将商务人士、技术人员和真正的白领封闭在这个区间内。无论是交友、招聘还是洽谈合作、寻求融资，都有可能在这个交际圈中实现。这就是他们用户为什么虽然不缺钱，但一样想为Uber开车。

Uber发展到今天，已成为事业有成人士沟通交流的平台，可以说既出乎卡兰尼克创业时的意料，也在他为公司设计的蓝图之中。在互联网时代，人与物、物与物和人与人之间，都可以凭借智能手机等终端设备形成特殊的场景，每一种特殊场景，都有着其特有的应用价值。Uber兼职司机大都经济条件良好，同样，Uber专车乘客活跃在大城市中，对新生事物有着迅速的接受能力，也有着相当的消费层次。如此人群所组成的场景，自然对其中每个人都会产生共性吸引力，这也给未来共享经济的发展模式，带来新的指引与启示。

UBER启示

 共享，开始炫目

Uber的崛起，曾经在一段时间内引起人们对出租车服务方式革新的关注。但如果只是将Uber兴起背后的因素解读为租车行业的自我淘汰更迭，显然并没有意识到其背后的力量。

毫不夸张地说，以Uber为发轫，以快的、滴滴、神州等国产打车软件为后续力量的互联网叫车服务软件，之所以体现出强大而炫目的生命力，一波波地冲击旧有的市场规则，改变着所有人的观念，其根本原因还不在于技术或平台，而在于背后的理念和文化——共享经济。

共享经济，是相对于人类历史漫长的私有制下的专享经济而言的。千百年来，人们习惯于专享消费，即用个人的收入来换取专门的资源。无论你是花钱去看一场演唱会，还是吃一次大排档，抑或进行一次说走就走的旅行，即使推广到整个社会的运行法则，无不体现出专享经济的特点：封闭的、单独的、不可共有性质的。

但这种专享经济，注定要在互联网时代被终结，而Uber则是吹响序曲中第一声号角的乐手。不妨来看看Uber是如何力主共享，进而迅速发展和活跃的：

第一，传递共享化的生活方式，超乎使用者预期。

Uber产品的初衷，是为了给都市人提供一种即时叫车的服务。然而随着自身的发展，它的内涵扩大到对生活方式的改变，传递给用户的是时尚而创新的共享生活方式。伴随其特有的人文化营销理念，Uber和用户利用情感沟通，从现实生活不同层面入手，从家庭、企业、社会等不同角度入手，打造互动活动。而这些活动的共同特点，又围绕着"共享"进行。

在活动中，明星可以和普通人共享一辆车，陌生人之间也能够共享活动平台，所有人都能共享优惠……人们发现，在Uber的理念下，共享可以无处不在，而共享背后则代表着诚信、友好和亲密，这恰恰是现代城市生活所稀缺的，也是人们所追求的。

专注于对共享生活方式的宣传，超过了卡兰尼克最初对产品的设想，也大大超过了市场中几乎所有人的预期。由此，围绕着Uber所发生的一切关系都有可能变得温暖。既然如此，用户有什么理由不去热爱这种生活方式，以及提供这种方式的Uber？

第二，品牌价值的共享。

同样是打车软件的推广，滴滴打车、快的打车习惯性地抓住中国人关注实际利益的特点，使用烧钱式的红包大战来抢占市场。但Uber则更多采用品牌跨界联合营销方式来分享市场。以中国市场为例，Uber先后和宝马MINI、特斯拉、歌莉娅、妈妈网等品牌进行合作。其实，这样的营销方法，Uber在国外市场使用更早，也成为其营销的常用手段。

通过分享各自的品牌价值，Uber打造出非竞争性的跨界联盟。这种共享并非传统的短期合作，而是与其他行业的企业相互渗透、植入和捆绑。Uber享受跨界联盟所提供的粉丝数量、品牌信誉和市场占有率，同样，其租车市场覆盖率之大，也足以让任何一个行业的企业垂涎，进而愿意与之亲密接触。这样，Uber在给用户不断带去新惊喜的同时，又和"他山之石"一起迅速扩大知名度，更快占领那些合作品牌原有消费者的心理阵地。如此强强共享的营销方式，产生了独特的市场效应。

第三，共享传媒资源，借势自媒体力量。

自媒体，是移动互联网时代异军突起的社会传媒资源。自媒体具有私人化、平民化、普及化和自主化的特点，利用现代互联网手段，向不特定的社会群体传递各种信息。随着互联网时代的深入发展，自媒体平台从之前兴起的论坛、博客、贴吧，向微博、微信发展，其势力已深入现代城市生活的各个角落，其传播力量不容小觑。

以Uber合作过的明星佟大为为例，他当时的个人微博粉丝数量高达2300万，其个人生活中的一举一动都有可能通过微博传播，而形成别有生趣的互联网关注热点。Uber正是看中类似这样的名人、明星效应，通过直接联系其进行合作，不断制造能够抓住眼球的事件，打造互联网娱乐营销。通过将明星与Uber之间产生的事件拍摄成为视频，并利用水军和粉丝的力量将之推送到具体的网络情境中不断发酵，从而产生更为广泛的关注与话题。

当然，Uber也并非仅仅简单地找那些粉丝多的明星或名人加以合作，无论是在中国或欧美，Uber大都挑选时尚、年轻、代表新潮流的对象来打造营销活动。这样才能确保最大限度地互相分享传播资源，建立广泛并长远的关注和话题。

第四，共享体验，放大人性需求。

Uber的营销虽然并不追求规模、热闹和短期影响力，却追求每场活动中对受众的震撼程度。卡兰尼克深信，无论人类社会的形态怎样变化、技术怎样进步，但人性始终是不会变化的。越是在看似强调个性独立的今天，人们内心越希望能和更多相似的人互相理解并共享体验。

在这样的思想指导下，Uber的营销活动致力于将现实生活中不同的场景加以高度提炼，用来吸引不同人群，同时，将这些人群中内心深处的渴望和梦想加以放大，并以种种富有创意的形式加以包装，将之植入营销中。于是，在看似单一的打车营销活动中，有了公主梦、富豪梦、超级英雄梦、车震幻象等不同的场景体验，也有了体谅家人、关心朋友、关爱情侣等不同群体的体验分享。

通过这种情感的分享，用户的人性得到释放，而且用户一旦在群体性营销活动中进行了体验的共享，就不会轻易忘怀。他们必然带着这种体验感受继续使用Uber，并延续到生活中激发下一次的打车需求。

第五，共享口碑，让品牌更有力。

和许多互联网产品不同，Uber并不需要通过无处不在的吸引眼球的广告来对市场进行轰炸，相反，他们将每个普通的消费者也拉入传播进程中。当每个普通人的乘车体验都被有意植入了创意和娱乐元素，从而被包装成为平淡生活的亮点和故事，普通人也就愿意自发充当传播者，贡献出自己的口碑，随着千百大众的口碑和共享，Uber的宣传推广也就得以完成。

事实上，很多下载Uber的人是通过Facebook、推特或者新浪微博、微信朋友圈认识这款软件的，更多的则是通过办公室内同事间的交流沟通、下班之后朋友间的娱乐休闲时的聊天知道Uber的。由于这些传播的主体正是每个潜在用户身边的普通人，就大大降低了信赖和选择的风险，形成了熟人传播的效应。可以想象，口碑营销实际上就是对产品每个普通用户信用度的共享，让营销成本降低的同时，也让用户更为紧密地围绕Uber。

第四章　压力是成长的动力

"注意，你的评分太低了"

卡兰尼克是个口无遮拦的人。即使在成功之后，他说话依然直接的风格曾经伤害了不少人的感情，从他口中说出的"未来就是个不需要司机的世界"这句话更让很多在Uber平台兼职的司机们黯然神伤，甚至愤怒不已。即便这个事实确然，但司机们还是不希望由卡兰尼克说出。毕竟，联系司机和Uber的，不仅仅是金钱，还有真爱。

那么，Uber怎样获得了这样忠诚、可靠而坚定支持公司的兼职员工队伍？因为Uber不仅仅会借风口飞翔，他们自己就是风。

很多司机说，为Uber开车之后，他们获得了不一样的工作角色和生活内容。在这里，他们重新点燃了激情、发现了自我价值，也体验到了更加精彩的世界，在Uber开车也成为许多人生活的一部分。因此，卡兰尼克的一句话能令他们士气受挫、内心茫然，也就不足为奇了。

来看看一位Uber新手兼职司机的工作日记，他的本职工作是媒体记者，能力优秀，收入不菲，由于工作需要，经常开车外出采访，在Uber兼职开车可以在返程带客，再加上其座驾是丰田普瑞斯混合动力车型，非常省油，开Uber更是划算。

"我的第一单生意并不走运，和乘客用软件预定好指定地点后，途中就接到他的电话，很显然他喝醉了，催我赶紧到，我很快就到了，可到了那里却发现怎么也打不通他的电话了，我猜，他已经醉倒在路边了。结果我只好在5分钟以后取消了订单，最后被Uber补偿了5美元。

"第二单终于成功了。我上周四下午谈工作，结束后拉了个女孩，把她从Burlingame的家里带到红木城甲骨文公司总部面试。我自己就住在红木城，这让我体验到出租车司机拉顺风车的愉悦！这一单总共开了10英里，花了20分钟，乘客付给我20.51美元，Uber拿了4.9美元，我拿了15.61美元。

"第三单也成功了。虽然乘客明显下班太累，我们没有聊天，但他下车前道了谢，还付了我小费。我觉得自己的业余时间没有虚度，感谢Uber！我爱死发明这个东西的家伙了！"

……

这样的体验，其实只是全球上百万Uber司机中的一个小小案例。这些司机们不见得喜欢卡兰尼克，甚至可能不知道他是谁，但他们却对在Uber开车上瘾。

事实上，根据调研机构Benenson Strategy Group 对平台司机用户进行的抽样调查，以及普林斯顿大学的经济学家阿兰·克鲁格（Alan Krueger）参与的分析研究发现，几乎有一半的Uber司机此前都在交通行业聘用制岗位上工作过，他们之所以最终选择Uber这个平台，是因为他们认定，Uber就是能帮助自己飞翔的新风口。

例如，在开出租车时，司机需要日夜换班，而且进入门槛很高，即便有不错的驾驶能力，还需要有丰富的工作经验，而且上交给公司的"份子钱"也不少，让出租车司机们感觉压力颇大。但做Uber司机，开销成本降低了，准入门槛降低了，净收入没有降低，反而可能更多。再加上工作时间能够自由安排，可以更好地平衡工作和家庭生活，这一切都让兼职司机们感到轻松自在、收获良多。

别以为Uber受到司机欢迎单纯是因为这些福利，真实情况是，Uber对司机的管理非常严格。不管求职者是谁，曾经做过什么工作，多大年龄，受过多少教育，Uber全部对其一视同仁。有人评论说，Uber就差没有用军事化手段来管理司机了，任何人在进入兼职司机队伍之后，都必须做到专业司机的全部要求，因为只有更专业的员工团队，才能体现出公司的口号精神："做所有人的私人司机。"卡兰尼克认为，只有更严格的要求，才能确保司机们更快乐地工作。

为了保证这一点，Uber首先对兼职司机的注册有所要求。在美国，Uber注册分为两方面，一部分是司机的注册，一部分是车辆的注册。

司机部分的注册比较简单，需要通过电脑或者手机上传驾照照片和身份证号码，同时还有可能要求提交社会安全号码，目的是出于安全考虑，对司机做背景调查。

相比之下，车辆部分的注册就有点复杂了，应聘者必须要上传由交管局提供的车辆登记凭证、保险公司提供的保险凭证和车辆检查凭证。尤其是第二个，必须要由专门的汽车修理店开出，对于那些因为价格昂贵而不愿去检查的车主，Uber还专门提供了免费的检查服务。

当上述证明全部提交之后，注册才能完成。在美国，注册成功之后的司机，能够收到短信提醒，并接收到Uber软件发出的一段15分钟的视频，这段视频讲解了如何做好一名Uber司机，其中包括如何在车上配备矿泉水、手机充电设备，如何在到达指定地点之后向客户发短信（而不是打电话），等等。

注册制度确保了司机准入的门槛，也让Uber能够组建拥有充分战斗力的兼职队伍。但对司机的管理可不只是注册，Uber会定期给每个兼职司机评分定级，最差的分数是4.55，一旦司机评级（driver rating）低于这个数字，就会接到公司总部发出的警告邮件，邮件名副其实，的确充满"警告"意味，通常是这样开头的："Hi XX（司机名字），你的司机评级已经低于最低分数线了，这是一封警告邮件……"

就算是反应再迟钝或者文化水平再低的人也能看出，邮件根本没有什么礼节可言，就是赤裸裸地将事实摆出来，给司机当头棒喝。在这粗鲁的开头之后，其后的邮件内容则几乎可以这样概括：要么把你的分数提升上来，要么你就可以出局了。

其他竞争公司，例如Lyft（来福车，打车应用软件）要客气不少，它的警告邮件相比Uber简直是文质彬彬："Hi XX，感谢你加入我们的平台，我们相信你一直在努力工作并希望取得好的成效，现在有一些小问题需要解决……"

不过，礼貌有加可不是Uber对司机的管理风格，从司机角度来看，他们恐怕也不见得希望浪费时间来理解这些客套话之后的内容，他们在乎的是时间和金钱。

除此之外，Uber还对那些高档车司机提出更多要求。比如那些黑色商务轿车和SUV的乘客，会付出较多的车费，他们希望司机能够专业一点、礼貌一点，甚至要长得帅一点、绅士一点，而Uber总是有些"不近人情"地站到乘客这一边。为了满足客户的要求，他们会专门发指导邮件给高档车司机，要求他们穿适合的服装，满足不同顾客的要求，比如，在某些场合必须穿有领子的衬衫，这样看起来会更加专业，还要主动帮乘客开门、提行李。

2014年年底，Uber又提出了新要求，这一次，Uber规定司机们要使用专门的iPhone手机来安装Uber应用，这进一步迫使兼职司机们必须提升工作态度，将他们的工作和生活分开，生活中你可以是任何角色，而工作中你只能属于公司，属于乘客，属于你的驾驶座。

找遍全球，几乎没有其他任何互联网出租车公司会如此严苛地对待司机。但令人惊奇的是，这些制度并没有让司机们讨厌Uber，反而更为喜爱它。因为绝大多数司机们明白，想要乘上风飞翔，就要接受风的约束力量，只有形成专业的集体，才能将更多乘客吸引入Uber，这样，这份兼职工作将会带来更多财富与自由。

在融资大海中冲浪

当Uber在市场中急速成长，专注于自身产品的打造、兼职员工的扩大和服务领域的扩大时，资本已经悄无声息地盯上了卡兰尼克。仅仅时隔半年，与刚创业只能得到克里斯·萨卡一个人的关注相比，Uber面前的"追求者"已经排成了长串。

2010年秋天，卡兰尼克刚刚忙完公司的事情，正准备休息一会，电话突然响了。原来是风投基金持有人马特·科勒（Matt Cohler）打来的，他用硅谷人所特有的开门见山方式宣布，自己对Uber的商业模式很感兴趣，希望能和卡兰尼克聊聊。卡兰尼克当然不会错过这样的机会，他向对方介绍了Uber未来发展的方向，并坦承在智能手机这样的互联网移动端，会有更多能与普通人日常生活相结合的接口。对此，马特·科勒也深有同感地说："的确，智能手机将会成为现实的遥控器，你们的Uber就是最佳证据。"

挂上电话，卡兰尼克的情绪激动。虽然面对挫折和失败，他从未退缩过，但当自己精心打造的项目得到了重量级投资者的关注时，卡兰尼克感受到的是兴奋和骄傲，他预感到将会有更多的机会。

这种预感没有错，接二连三的风投机构纷纷打来电话，Uber有着足够的实力在他们中间挑选最佳投资人。2010年10月，首轮投资机构确定了阿尔弗雷德·林（Alfred Lin）领导的红杉资本，投资额为130万美元，相比克里斯·萨卡最初投下的40万美元，这个数字已经翻了数倍。第二年2月，1100万美元作为A轮投资迅速到来，卡兰尼克轻松地从Benchmark和First Round这两家风投基金手中拿到这笔投资。

2011年10月，此时的Uber羽翼渐丰，其公司业务范围已经延伸到全美国，具备了相当的产品声誉。卡兰尼克决定趁热打铁，组织一场更大的融资。对此，科技投资行业中那些著名的投资人迅速做出了积极回应，而其中最具有实力的自然是马克·安德里森（Marc Andreessen）。

安德里森是网景公司的联合创始人，并掌管着安德里森·霍洛维茨基金会，他既具有成功的互联网创业经验，又手持重金，自然是卡兰尼克所心仪的投资对象。为此，卡兰尼克计划用公司12%的股份，换来安德里森3.75亿美元的投资，并邀请他加入董事会。后来的事情证明他有点一厢情愿，初次见面后，安德里森就把Uber的现状描述得相当差，从客户数量到营业额再到实际收入，都成为其批评的内容，当然，最终目的是为了砍价——安德里森开出的价格是2.2亿美元。

既然对方缺乏入主董事会的诚意，卡兰尼克也就不愿意继续谈下去了。他明知Uber急需投资，在他眼里，Uber就像一个孩子急需进入好学校，但如果对方接纳孩子的前提是用低价将其买走，那么内心骄傲而个性独立的卡兰尼克也绝不会屈就。

虽然生意不在仁义在，但卡兰尼克还是品尝到融资失败的苦涩滋味。后来他回忆说："虽然这可以成为一次重要的交易，但一旦谈判超越了底线，你只能选择重新开始。"

幸好，这次融资失败并没有导致Uber受损，后悔者反而应该是安德里森。2011年年底，Uber的B轮融资终于成功，投资人希尔文·皮舍瓦（Hill Vin Picheva）、好莱坞演员阿里·伊曼纽尔（Ali Emanuel）和亚马逊创始人杰夫·贝索斯（Geoff Bezos）、Crunch Fund基金会等，总共近联手投下了3700万美元，并确定Uber公司的市场估值为3.3亿美元。

这样的估值刺激了投资市场，紧接着的投资一波波涌来。2014年5月的D轮投资，黑石基金主导下投出了12亿美元，Uber估值为180亿美元；同年12月，红杉海外、富达亚洲、凯鹏华盈（KPCB）等投资机构又烧出12亿美元，Uber的估值上升为410亿美元。

从投资机构名单中的其他成员中，也能看出卡兰尼克的盟友究竟有多强大：

高盛集团，美国财务500强企业之一，跨国银行控股公司集团。2015年，高盛投出16亿美元支持Uber在亚太地区的扩张；

Google Ventures，谷歌风险投资公司，这家公司也出手投资Uber并占据股权；

……

到2015年年底，资本市场上的Uber早已今非昔比，其总共募集到的投资额超过50亿美元，超过了2011年Facebook上市前的最后一轮风投融资额度。从当初默默无闻的小角色，成长为不断汲取着全美资本的茁壮大树，Uber的发展让人惊叹，但卡兰尼克依然淡定。他始终牢牢控制着企业的发展走向，并没有因为投资人的增多和投资额的增加，就被顺利发展冲昏了头脑。

这种清醒体现在Uber并不急于进行上市的态度中。

从目前来看，上市并非解决企业发展的唯一方式，相反，如果使用不当反而会伤及自身。Uber目前估值接近600亿美元，远远超过竞争对手们，从数据上看早就能上市。但反而言之，公司上市之后必须要召开股东大会，公布年度报告和对市场投资人进行解释，而私人公司的所有行为都无须对外公布。因此，Uber选择在长线和短线发展之间找到平衡，既要能够满足今天的发展，也要能为未来打算，因此上市起码也要推到2017年以后。

但是，这样的决策实际上面对着企业内外巨大压力。要知道，企业最终公开上市，是绝大多数风险投资之所以进入的唯一理由和最终目标。当企业上市，风险投资者才能迅速实现最大限度的盈利，并能够全身而退，避免陷入经营风险，转而进入下一个项目的投资。如Uber这样的企业，其背后不知有多少双眼睛紧盯其上市的可能性。包括扎克伯格在内，许多投资者都在要求Uber尽早考虑上市，从而将持有的公司股份变现，但卡兰尼克对此依然淡定："我们就像八年级的学生，我们还在上初中，因此当有人告诉我们需要去参加舞会时，恐怕显得早了点儿。等我们上高中以后，再开始谈论这些事情吧！"

当然，卡兰尼克也承认，公司很多员工甚至会带上家人前来游说，要求公司尽快上市，从而套现手中的股份。但他总是做出承诺，表示会解决流动性，但需要时间。

事实上，Uber之所以谨慎看待公司上市和股票套现，是因为美国法律规定，公司的股东一旦超过500人，即使不上市，也要向美国证交会上交年度财务报表。因此他们必须努力保守住500股东这条底线，进而保证公司财务的机密性。

无论如何，Uber在融资大海中的冲浪轨迹，直到现在依然牢牢地控制在卡兰尼克的手中。表面上强硬、自我的他，实际上很清楚如何与资本市场中的巨头们周旋，或许也正因如此，才会有越来越多的资本看上Uber吧。

全球扩张，模式竟是三人团队

如今，Uber已经是一家跨越国界的全球企业，其未来估值不可限量。但和那些花费了数十年甚至上百年才从地区企业成长为国家企业，再通过不断地资产运作、企业并购而形成的国际集团不同，Uber的全球扩张基于互联网基础，其人力资源的运作模式则简单到无以复加——三人团队模式。

三人团队似乎带有某种形式上的纪念意义，因为Uber最初创业时只有三个人，卡兰尼克、坎普和从网上招募来的首位员工格拉夫斯。靠这样的团队，Uber发展历经了从无到有、从小到大的过程。人们熟悉了这种白手起家的企业励志故事，但令他们惊讶的是，当Uber做大之后，居然在每个城市依然只保留了三个员工的基本配置。那么究竟是什么样的能力，让这三个人可以每天去面对海量的乘客和司机，进行层出不穷的营销创意，并打造和扩展深入的公司文化？Uber是如何提倡和完成这种高效团队运营的？

只有真正走近这样的三人团，你才能看清背后的真相。

每个城市的Uber团队基本上都只有三个人：城市经理、市场经理、运营经理。城市经理，负责战略性工作，例如对城市整体运营调性的把握、对行业情况的调查了解，从而做出策略性的规划等等；市场经理主要负责市场营销、对接媒体和设计创意活动；运营经理负责数据的分析掌握和对资源的配置，例如确保用户叫车之后司机可以即时收到通知并到达，从而提供更好的服务。

在这样的架构中，城市经理名义上职位更高一点，但实际上无论是情感还是工作中，三人团的关系都非常亲密，这也符合Uber管理扁平化的理念。三人团队中奉行Best idea wins，而不是谁的职位高就听谁的。这也正是当初卡兰尼克坚持用三人团队模式来发展Uber的原因，他自己就身体力行了这一点，某次他和上海、北京和广州的城市经理开会，大家在某个问题上看法产生分歧，卡兰尼克直截了当地说："目前我还没有去过中国，你们的确比我更为熟悉国情，我听你们的。"对此，人们总结说，这是为了"让听见炮声的人做决定"。

当然，虽然管理结构扁平减少了某种压力，但团队人数精简到几乎不可能的地步，也让团队成员背负重重的工作压力。这可以从对三人团考核的内容中一窥端倪：市场经理的考核内容包括新用户增长量、城市订单量、服务品质评价、客户服务满意度和媒体对接，其中每一项又能够细分出更多考核目标，例如媒体对接中的媒体发稿率、质量水平、引发认同度等等；运营经理的考核主要是供应端表现，Uber刚进入一个城市，平均可能需要花费十几分钟司机才能接到人，运营经理的工作任务需要不断降低乘客的等待时间，还要确保服务质量不能下降；城市经理则需要统筹这两方面的发展，此外还需要关心成本和模式的问题，确保城市能够维持Uber全球标准的品牌形象。

这些具体的工作，卡兰尼克其实并不一一过问，他会将之完全交给每个城市的团队独立工作。但同时，他也在Uber倡导管理透明化，为此他要求将全球所有运营数据上传到企业内部的系统平台，只要是正式员工，就能够在上面获取数据、分享进步以及交流心得体会。不过，这些数据也只是帮助不同的城市团队做出决策参考而已，真正管理每个城市Uber运营业务的，还是团队内的三个人，任何活动只要这三个人同意，并且符合全球Uber品牌的指导原则，那么就能够进行相对应的市场营销活动。而公司总部除了制定季度和年度目标之外，并不会具体干涉团队内部的考评和分工。

Uber用这样的三人团队来负责基层管理，落在员工身上的工作压力可想而知。每个城市的团队成员都能够随时在企业内部系统看见全球排名数据，包括各个城市的接单率、好评率以及客户回复的速度、质量和业务增长率等等。这些数据随时更新，上上下下的榜单排名，不断会给全球Uber团队激励和力量。一般情况下，每个团队会在周日夜里24点进行全面的检查，对过去一周工作的成果和排名进行分析确认，找到其中的不足，并制订改进与超越的方法。在这样不断的改进中，Uber团队成员基本上每天都只能睡几个小时，一顿晚饭的时间，手机上就会多出上百条需要回复的微信，甚至每个星期要执行十个以上的合作营销项目……但付出终究会看到回报，丰厚的回报也让他们沉浸于忙碌工作中。

不过，凡事都有两面性。当Uber三人团队模式进入中国之后，代表着西方企业经营理念的团队文化，和中国传统服务行业所提倡的理念宗旨，多少产生了一些矛盾乃至冲突。对这种管理模式"不近人情""难以融入"的指责也偶有传出。例如，网上曾经曝出一份微信聊天截图，大意是应聘的实习生向城市经理表示自己因为考试希望推迟面试，但经理很快就斩钉截铁表示了拒绝。又如，Uber团队不提供电话客服方式，而是通过邮件客服直接连接系统，查询用户存在疑问的行程。虽然Uber自己的解释是这样能够更为高效地向客户提供解决方案，但很显然，这和许多顾客的传统习惯存在冲突。虽然有着合理的原因，但一定程度上，这种追求高效而轻装前进的服务团队结构，必然多多少少会影响了部分顾客的体验，而这正是Uber在下一步发展（尤其是在中国市场的发展中），所需要加以切实思考和努力的。

让打击变成免费广告吧

从2010年年初以UberCab的名义成立公司之后，卡兰尼克和他的一键叫车产品，从来就没有一天"好日子"过。

对此，唯恐天下不乱的媒体记者曾经在采访中向他指出，出租车协会以及其他许多利益方"肯定想雇人杀了你"，卡兰尼克只能无奈地耸耸肩。而记者的第二个玩笑更有意思，"杀手估计正是你这种风格的人"，对此卡兰尼克更是用略带尴尬的"呵呵"敷衍过去。

记者的话或许夸张，却不失真实。卡兰尼克在公众面前经常摆出渴望战斗的形象，他紧绷着脸，眯起眼睛，鼻孔张开，紧闭的嘴唇似乎刻意压抑着时刻爆发的情绪，甚至他那直立着的海军陆战队风格的发型也似乎发出好斗精神。虽然卡兰尼克刚刚39岁，但他早就和遍布整个世界的反对者在斗争。

最初的反对声集中在UberCab这个看似普通的名字上。Uber词根起源于德语，原来是Über，表示英语above/over（在……之上）的意思。但当该词进入英语之后，Uber在本义的基础上，引申出类似"超"的意思。而Cab在英文中是出租车的意思。结果，使用了这个名称之后没多久，旧金山市交通局和加州公共事业委员会就下达了联合指令，要求他们立即停止运营，理由是公司未拿到出租车执照，就使用了Cab字眼，违反了"有关部门的相关规定"。

卡兰尼克对这种打压显然反应强烈，只不过，这种反应是正面而积极的。他几乎要感谢监管部门了，在他眼中，这份联合下达的禁止令，正是市场所给出的信号，恰恰说明他们的行为触动了既得利益的敏锐神经，说明公司未来的发展会有很大空间。

于是，卡兰尼克公开表示："我们完全合法，并且喜欢完全合法，如果政府非要关闭我们，我们要么按照其要求去做，要么就会为信仰来战斗。"卡兰尼克将自己这种态度描述为"有原则对抗"。

这次对抗很快以合法方式结束了，公司将UberCab的名字改为Uber，去掉了不合法的Cab字样。随后，卡兰尼克从环球唱片公司购买了Uber.com的域名，代价则是出让2%的公司股份，但很快又用100万美元价格购回了这些股份，而现在这些股份价值上亿美元。

第一次从监管部门而来的打击，就这样被卡兰尼克成功化解。某种程度上，这次打击反而变成了好事，UberCab过于集中在出租车业务上，形象迟早会寻求突破，而早早改名为Uber，不仅品牌传播更加简洁高效，同时也有利于服务理念在更大范围内的扩张。

此后，Uber面对的反对和打压从来就没有停止过。

为了遏制Uber专车发展，一些地方的监管部门和出租车行业做了不少"小动作"。例如，监管机构要求Uber司机在接完一单之后，必须要等待一个小时才能继续接单；还有的政府将租车最低费用标准定高，限制Uber进入；另一些政府则要求司机在完成一单之后，到一个根本不存在的所谓"车库"报到。当然，准入收费也提高了，比如巴黎的Uber司机为了获得政府按额度配发的运营执照，需要支付20万欧元。

如果说这些还是合法的手段，非法的手段就更加层出不穷。不少城市生意被抢的出租车司机为了报复，竟然偷偷扎破Uber司机的车胎，更有甚者，在2014年6月，美国不少出租车司机集体在市区干道进行慢速行车，抗议低价的Uber抢走了原本"属于"他们的市场。据这些出租车司机现场控诉，正是美国政府缺乏管理，才导致了这种不公平竞争现象。

但出租车司机们没有想到的是，这样的抗议只要出现，就会导致市区交通阻碍，同时乘客难以打到出租车。结果，Uber反而趁机推广其业务，收获了更多的消费者。有乘客直截了当地告诉媒体，出租车司机本来就没有去想怎么和Uber竞争，他们只想维持现状，而出租车公司也只是负责收取租金，根本不关心乘客的满意度。这样一来，乘客得到的只是高价格和差服务，幸亏有了Uber的搅局，才提升了这个行业的服务水准。

除了上述这些野蛮粗暴的干预之外，Uber反对者们还从传媒和理论界四面出击。只要百度一下"Uber安全"的关键词，就能有许多耸人听闻的消息映入眼帘，无非是集中于乘客选择Uber的车是不安全的。但仔细想一想就知道，在Uber出现之前，出租车宰客、超载或者违章导致的事故并不见少，而出租车司机抢劫、非礼顾客的案例也屡有发生，却从未被如此高调宣传过，可见今天这些新闻背后真正的利益动机。

另外，法律诉讼更是用来对付Uber的最好武器。包括加州、弗吉尼亚州和内华达州等州政府，都曾经起诉过Uber公司。另一些州政府正积极地拟定新的法案来限制该公司。其中最为明显的是2014年9月17日，加州通过第2293号议会法案规定，任何Uber司机必须进行联网注册，同时强制投保，对每一起伤亡事故的投保金是5万—10万美元。从2015年7月1日开始，违反这条法案者以犯罪论处。此外，2015年2月，宾夕法尼亚州法院又传唤卡兰尼克，指控Uber非法利用其软件内置功能来对顾客进行跟踪，为此宾州法院提高了对Uber违规运营行为的处罚力度，原本规定的95000美元的一次性罚款飞涨到1900万美元，每天还要上交1000美元的日常罚款。

不仅在美国，随着公司的发展，全世界都有Uber的反对声音。在加拿大，多伦多官员用25项交通罪名起诉他们，温哥华议会取缔了临时驾驶执照考试以限制Uber的发展；在英国伦敦，世界上最贵的出租车系统——黑色出租车也被

Uber所压制，掌握该系统的哈尼克运输公司雇用了私家侦探来搜集证据，提起诉讼；在法国，当地政府禁止了Uber的新产品，法院以欺诈罪处罚了Uber 10万美元，并规定Uber不得对公众加以宣传；在德国、比利时和荷兰，各种对Uber的诉讼与限制也纷纷出台。

在亚洲，情况也同样如此。韩国首尔市政府从2014年4月开始限制Uber，Uber X服务已经被全国禁止，只有Uber Black还在坚持运营；中国台湾当局则对Uber处以上百万新台币的罚款，而Uber也被迫从手机软件商店中撤下；日本的法律法规简直多如牛毛，导致Uber最终只能注册一家旅行社，甚至要和旅行社在一起办公，才能曲线开展运营服务。

唯一"优待"Uber的似乎只有俄罗斯，因为在莫斯科，无牌照出租车文化已经成了传统，Uber要面对的不是监管压力，而是巨大的市场竞争压力。因为在其到来之前，已经有不少类似的民间服务诞生并发展。

当然，面对各种限制，Uber也不是那么好惹的。作为对这些行动的回应，卡兰尼克也在法律框架之内，组织了大量的反击行动。有人将他比作战神，越战越勇而且从不示弱。

在华盛顿，卡兰尼克亲自上网发动数万名居民联名向市长上书，要求解除对Uber的禁令，最终华盛顿市政府不得不收回成命；在丹佛，支持Uber的民众也仿效那些反对者举行了示威游行；在巴黎和伦敦，面对当地出租车的示威，Uber宣布专车免费，结果那些因为出租车停运而打不到车的乘客纷纷下载Uber免费用车；在全世界另一些城市，Uber还会偷偷在培训内容里加上一些内容，指导司机怎样去躲避所谓运营管理的检查……尽管卡兰尼克自己不需要去亲自领导这些反击行动，但他还是表现出强烈的战斗欲望，在各个场合他都公然指责传统出租车行业是巨头吸取司机和乘客鲜血的祭坛，是一个即将灭亡的行业。

套用一句网络名言，Uber不是美元，不可能受到全世界所有人的喜爱。在同一个城市，如果你对那些年轻、时尚和追求创新的白领提到Uber，获得的可能是尊重、认同与接受，而如果你对那些每天忙于接客、每个月还要交份子钱的出租车司机及其老板提到Uber，收到的很可能是痛恨、愤怒和谩骂。正是这样的时代，这样的产品，才如此集中地表现出创新与传统、共享与独专之间的巨大矛盾，面对这样的矛盾，Uber和他们的支持者，还将会有更长的路要走。

在未来征程上，Uber会记住卡兰尼克的话："我认为，Uber是与众不同的，我们无可借鉴，但这也正是我们能如此长时间地独领风骚的原因。有时候我想，作为创业者，作为一个企业的领导者，我只能选择像独狼。"

但不用怀疑，即使没有Uber，也会有其他公司和产品来挑战旧世界。即使前路崎岖，但最终，创新者将会取得全面胜利。

UBER启示

📍 创新，从根源开始

Uber的成功，起源于一个"好主意"，但又不停留于"主意"层面上。卡兰尼克多次创业所积累的丰厚经验，促使他用成熟的眼光去看待Uber的创新步骤，进而将种种不同贯穿于产品与服务的各个层面，彻底打造出足以改变整个行业乃至人类生活方式的新服务模式。

归结起来，除了具体产品形态的创新之外，Uber的创新从根源开始，主要体现在公司架构和服务内容的设计理念上：

第一，本地化。

与许多其他跨国公司的结构不同，Uber相当强调本地化的重要性。这是因为卡兰尼克认识到打车业务和其他许多业务不同，尤其需要重视各个城市的不同。

由于Uber志在全球，因此当其推广业务时，并没有照本宣科地将同样的经营模式从纽约搬到巴黎，再从巴黎搬到上海，或者因为同一个国家的原因将经营理念直接从上海拿到长沙。相反，Uber意识到每个城市都有着自身的本土情况、收入情况、用户行为习惯和出租车结构特点，这直接造成Uber需要用非同一般的创新方式来对其不同加以解决，而本地化成了重要的答案。

卡兰尼克决定，完全用本地的人来打造本地的Uber。对于跨国公司来说，这算是一个相当大胆的创新，但还不够颠覆，于是Uber又进一步规定用本城市的人来形成团队。例如上海Uber是由上海人打造，这个好处显而易见，因为没有比他们更加了解上海的乘客了。

本地化是互联网经济发展起来的重要策略，这并不算颠覆。然而，当本地化的跨国企业走到人们身边，既带有本地经济、社会和文化的一切特点，又带有全球统一的品牌特色，带来的顾客体验无疑是从未有过的。

第二，精简化。

传统企业架构总是会围绕产品与服务形成工作流程，再为之配备不同的岗位，进而招聘人才。即使初创企业在发展到一定程度，也会走上类似的扩张道路。但问题在于，互联网时代，再采取类似的架构搭建方式，是否依然高效？又是否可以换一种思路？

Uber给出了自己的答案。卡兰尼克坚持使用三人团队的精简模式，他将每个城市的Uber都看作一个初创企业，这样的思路决定每个分部都不可能去支付几十名员工的成本，而是选择最大限度的精简化。

这种精简化带来的运作特点十分明显，一方面，三个员工的确会非常辛苦，但另一方面，将管理成本压缩到最低，沟通效率则扩张到最大。Uber拒绝选择传统方式来管理车辆、司机，而是利用互联网工具，用一个经理来管理整个城市的车队。这样，任务需要决定了公司的规模和层次。同样的原因，Uber不需要去选择那些咨询顾问、职业经理人来进行项目管理，而是从传统的出租车行业或相关管理公司中来邀请最有实战经验的人，负责一线的运营工作。

这种精简化到了无可复加程度的跨国企业，在历史上从未有过，但未来必然会越来越多，成为企业发展的主流。正如马云所说，"未来将不会有互联网企业，因为任何企业都会构建在互联网之上"，我们也有理由认为，未来每一个企业都需要更大限度地利用互联网进行内外交流和项目运营，其人力成本必将得到颠覆式的压缩。这样的压缩过程，对于许多企业的员工来说未免有些残酷，但对于市场和社会的进步，却不啻吹响了进取的号角。

第三，全面授权。

Uber另一大创新在于允许每个城市的分部进行"自组织"。用上海区Uber负责人的话来说，在这样的时代中，如果配置了好的本地化员工，又给出了足够多的授权，让其在本地化情形下做出决定，他就能够按照当地情况迅速做出反应，进而帮助整个企业成长。

正因为利用了"自组织"的力量，Uber等同于动用了全世界各个城市中不同类型团队的力量，卡兰尼克和公司高层相信他们，允许他们按照自己习惯和推崇的方式，做符合城市本身特点的营销运作。这样，Uber始终充满活力，适应市场中不断变化的顾客需求。反之，如果不是利用"自组织"，而是采取传统行业方式，由公司总部不断空降上级来指导每个地区、每个城市的运作，就会很难找到最高效的方法，将效率提升到超越传统行业平均水平十倍的层次上，而在Uber人看来，如果结果不能达到传统水平十倍以上的效率，这种创业就是失败的。

第四，对"创新"的创新。

Uber重视创新，但Uber并非为了创新而创新。互联网经济本身建筑在技术进步和理念更替的基础上。但如果只追求创新行动，却不理解其观念从何而来，也不分析其行为产生的实际价值，就会导致创新缺乏实际意义，进而沦为失败。

从Uber产品的发展中，我们明显能够看出这家公司在力求颠覆陈旧行业和观念的同时，是如何颠覆自我而不断进取的。例如，预约和抢单模式，都是各种打车App所熟悉的"创新"套路，但Uber并不采用这两种模式。在这家公司看来，预约需要花费司机和车辆的更多成本，并平添了其接下一单的未知可能，最终将会导致更多成本被转嫁到消费者身上。同样，抢单则会因为网速与设备问题，导致由硬件而并非距离来决定服务者的选择，就会导致车辆更多的空驶、油耗、污染，导致更多顾客与司机的时间被浪费。

正因为预约和抢单这种"创新"是低效的，因此，它们即使在一段时间内流行于市场，但依然无法用更好的价格和服务来进行长远性的价值提供。Uber的目的就是摒弃这些迟早会被淘汰的"创新"，直接寻求能够让所有环节、所有资源的效率得到最大化利用的创新法则。

不仅是Uber，互联网商业模式发展历史上，几乎所有的成功都和颠覆式创新有关。颠覆式创新意味着对既有思维的逆向解构和反向操作，是将传统企业乃至行业没有关注到的技术加以重视和放大，这样才有可能进行有利的创新。例如，博客是一种颠覆式创新，因为博客意味着对公众公开的"日记"，和私密的个人日记相比，其意义在于反其道而行之，强调思想的分享；但以Facebook为代表的社交网络又是对博客的颠覆式创新，因为其意味着将可以公开的内容重新封闭起来，进入相互认识、双向互动的人际圈子中；而推特又是对Facebook的颠覆式创新，即对双向互动的逆反，允许重新开放式的单向沟通……

今天，重新审视Uber等公司的创业历史，我们可以进一步认定：在创新的种种形式之中，颠覆式创新在未来具有更大的意义。创业者们不太可能仅仅依靠灵机一动的点子或苦心孤诣的发明，就能够实现成功。相反，他们需要不断对商业模式进行革命性改变，对用户体验提供更多的不同点，如此创新，将会让人们的认知产生巨大变化，也会开启新世界的大门。

第五章　新营销打破旧边界

出发吧，冰激凌车

2014年夏天，台湾第25届金曲奖公布，歌手孔令奇凭借着他的《老派恋情》，打败了所有竞争者，一举拿下了"最佳单曲制作人"奖。回到北京后，他一直在考虑用什么样的方式，来向身边辛苦了几个月的同事表示感谢。当他拿出手机看到Uber的最新活动后，心中有了答案。

7月18日，在孔令奇的工作室中，空调扇安静地徐徐吐出凉风，几个助手正在准备着新曲目的排练和录制。一切都井然有序，间或有人低声说两句工作上的事情。孔令奇一身休闲打扮，坐在合成器键盘前捕捉着乐感。

时间差不多了，孔令奇滑动手机屏幕，Uber清爽的界面很快出现在眼前。只不过，今天的Uber App中多了个选项："冰淇淋车"。伴随着轻轻地按钮声，孔令奇微笑着说："等着吧各位，今天好热，请你们吃冰淇淋。"

助手们显然没有明白他的意思，大都以为是完工后的犒赏，简单地应和了一声，继续埋头做配器与和声。

直到门铃响起。

"您定的五人份GODIVA冰淇淋，谢谢。"收到费用后，快递小哥礼貌地致谢，轻轻带上门离开。

室内顿时活跃了起来，几个人不约而同地从座位上站起来，围在桌边，享用着造型别致的冰淇淋。

……

这是在北京举行的"Uber冰淇淋日"中普通的一个场景。这一天，全球144个城市同步开始了冰淇淋日活动。在当天从上午十一点到下午五点的活动时间内，Uber公司不同城市分部都安排了多辆定制的冰淇淋车驶上街头。用户只需要在App中按下"冰淇淋车"的按钮，距离其最近的冰淇淋车，就会以最快速度将冰淇淋送到指定地点，只需要等候几分钟，就能够在炎热的夏天吃到美味的冰淇淋，这无疑满足了众多用户的实际需求。

对于中国的Uber用户而言，这项"冰淇淋日"活动是相当新鲜的。但它实际上已经成为公司的传统活动，并不断改进。到2015年的冰淇淋日，人们发现，部分地区运送冰淇淋的工具，已经从车辆改成了无人机。

那么，冰淇淋日这个营销活动，究竟是如何诞生的呢？创意来源于卡兰尼克偶然间想到的点子。

2012年6月，旧金山的气温逐日攀升。此时的Uber在旧金山早已站稳脚跟，并将业务发展到更多城市，为此，他们需要招聘更多新员工。

这一天，公司总部不大的会议室中，坎普正向新员工们介绍什么是Uber："过去两年以及未来，Uber都会致力于在任何时间、任何地点，当人们需要车来完成出行需要的时候，只要按下Uber应用程序的按钮，在几分钟之内，就会有一辆车抵达。因此，我们需要不断努力，从而接近这一目标。这就是我们决定走出旧金山，走到更多城市，乃至将来还要进入全世界其他城市的理由……"

这段话，卡兰尼克早已不是第一次听到。但每次聆听这番激情四射的演讲，都会带给他不同于之前的感受，今天，不知道是什么触动了他的心弦，一个想法油然而生："既然这样，理论上我们也应该在几分钟之内，提供其他任何按需服务。嗯，任何时间，任何地点，只需要按下App程序中的一个按钮，几分钟后，所需服务即可抵达。"

出行需要交通，送货同样需要交通，既然Uber可以用于出行，为什么不能用于送货？卡兰尼克感到心跳加速了，还有什么能够比一键送货更让消费者有同样心跳加速的体验呢？不过，既然要送货，就得送点不一样的东西，而且是可以迅速找到合作对象的货物。

卡兰尼克来不及参加完会议，他迅速收拾起手提电脑，在其他人略带惊讶的目光中离开。回到办公室，他立刻开始起草一份邮件……

卡兰尼克既是市场营销的天才，同时又是擅长执行的螺丝钉，一旦想到，就要立即去做。在他迅疾的计划和布置之下，2012年7月，名为"冰淇淋日"的活动在波士顿、纽约、芝加哥、旧金山等七个城市开展。之所以定在这个时间，是因为当月本身就是"美国国家冰淇淋月"。早在1984年，当时的美国总统里根宣布，7月的第三个星期日是"全美冰淇淋日"，从此之后，7月的全民冰淇淋狂欢成为美国传统。而现在，Uber要为这一悠久的历史传统增添互联网高科技的色彩。

众多冰淇淋卡车司机迅速集体成为Uber司机队伍中的临时成员，冰淇淋卡车原本是美国城市夏天的街头一景，但在这一天，当冰淇淋卡车司机看到你的订单，就会顺路给你送货，收货之后用户也无须支付现金，费用将像打车一样，直接从Uber账户中扣除，人均仅仅花费3美元—6美元。当然，更多的人并不仅仅是为自己订购冰淇淋，想想看，年轻母亲在公司忙得不可开交时，用一盒美味的雪糕抚慰下在家里感到孤独的儿子，或者正在为未来打拼的男生奔波在高速公路上，当他将车辆驶入休息区然后点击"冰淇淋车"按钮，为心爱的女友叫上一份哈根达斯冰淇淋球，还有什么比这更美好的表达方式呢？当冰爽的滋味被舌尖触及和享受时，人与人之间的情感在延伸，而Uber品牌也更加深入人心。

果然，如此富有人情味的营销活动大受好评。2013年，参加Uber"冰淇淋日"活动的美国城市超过了33个，节日气氛进一步浓厚。2014年，该活动参与范围扩展到了全世界，六大洲38个国家共144个城市，在同一天开展了"一键冰淇淋日"活动，中国的北京、上海、广州和深圳也加入了欢庆行列。

当时间步入2015年，"冰淇淋日"的欢庆方式更加丰富。Uber各地分部结合了城市特点，推出各自不同的活动类型，和当地文化贴合得更为紧密。

在华盛顿，冰淇淋和投票选举结合在一起，用户可以使用Uber冰淇淋选项呼叫冰淇淋车，然后在红色、白色、蓝色三种颜色的甜筒中加以选择，红色代表共和党，蓝色代表民主党，白色则代表中立。这当然是为了迎合华盛顿特区政治地位而进行的营销设计，真正获得胜利的其实是冰淇淋厂商和Uber。

在巴黎，经历了出租车罢工之后，Uber选择用老爷车来免费送冰淇淋，既充分凸显了历史特色，又弥补了当地因为抗议事件而受损的公众情感。

在悉尼，Uber则选择了水下作为"冰淇淋日"开幕的活动场地……

这一年，中国共有14个城市加入了"冰淇淋日"活动，活动效果证明，中国Uber员工们的创意一点也不亚于全世界任何城市。在北京，他们和可口可乐联合推出Uber冰淇淋可乐；上海则在全城招募骑手，唤起用户的童年回忆；成都推出了冰麻花椒口味的冰淇淋，富有强烈的四川特色；杭州则打出环保公益理念，用特有的电动Uber专车送去"爸爸妈妈宝宝"主题冰淇淋；广州和深圳动用了酷炫的无人机，让用户体验即使最繁忙的交通状况下冰淇淋也能随叫随到；佛山则打造了一键呼叫魔术师的送货方式，让近景魔术在用户眼前秒变冰淇淋……

由于采用了一线设计和执行的自助策略，各地的市场人员将种种创新点子融入"冰淇淋日"。他们有着极大的权限来组织活动。不仅如此，包括选择不同的冰淇淋种类和价格、配送车辆、合作伙伴、媒体活动内容等等，都由各地分部独自挑选和运营。而值得注意的是，这些冰淇淋营销并没有花费Uber多少成本，当天相关主题在推特、Facebook等全球性社交媒体上的曝光数量达到2500万次，任何一个品牌想要在全世界实现这样的曝光度，都意味着投入巨大的资金，但Uber几乎没有花费任何预算。因为它的宗旨就在于借助本地需求，引爆口碑宣传，利用自媒体和个人力量来扩大传播效果。

当所有人通过"冰淇淋日"活动，看到了Uber策划力、执行力的强大时，恐怕只有少数人从一开始就读懂了卡兰尼克蕴藏在热闹活动背后的一步大棋——按需共享。

卡兰尼克虽然好胜，但更多时候是为了高调宣传企业和品牌，有过被诉讼搞到破产经历的他，绝不会第二次走入人生失败的河流。所以，从Uber开始提供租车服务之后，他几乎无时无刻不在思考怎样将企业的前景扩大和品质提升。而"冰淇淋日"活动的出现，可以看作是这种深度思考之后瓜熟蒂落的成果。

在"冰淇淋日"活动之前，几乎人人都将Uber看作打车软件，说难听一点，就是个"黑车软件"，能够让那些没有拿到出租车运营执照的司机也带客拉人。但"冰淇淋日"活动开展到现在，恐怕反应最迟钝的人也明白，Uber绝不只是打车那么简单，它要颠覆的领域将会延伸到社会各个行业和角落。一言以蔽之，只要和交通有关的地方，就有可能成为Uber的下一个目标。

和出租车行业相比，各国政府和民间舆论对外卖、快递、跑腿等业务，从来就没有给予足够的注意力。监管部门可以限制租车业务，但不可能去限制从快餐店到洗衣店的上门服务业务，民间的出租车司机可以抱团抗议Uber，但冰淇淋店以及更多的服务行业恰恰相反，它们对于Uber的出现抱持高度欢迎的态度。由此，Uber定下了发展的长远目标，那就是利用现有的资源和技术，打造全人类"按需服务"的生活和社会远景。

"按需服务"和传统互联网的O2O貌似相同，但实际上有很大的不同。

O2O，顾名思义，是从线上（Online）到线下（Offline）的服务，由商家通过互联网向用户推送信息，随后引导用户完成线下消费。比起传统行业，O2O具有高速、引流、快速的特点。然而，其最大的瓶颈在于推送信息无法和客户需求完全匹配。各种O2O平台上都暴露出类似的问题，即企业推送给潜在客户的，往往并非其所需要的，由于企业无法做到精确推送，结果重点推广的产品价值只能是优惠、打折这些最普通的价值，而产品特色、服务质量等等，都无法契合不同用户需求。

反之，按需服务是O2O的进化版，深挖的不仅仅是线上到线下，而是更强调价值契合，将消费者最需要的东西第一时间递送给他们。朝向这样的远景，Uber会将更多类似冰淇淋日这样的活动推广向全世界，其聚沙成塔的力量，将会最终让所有人看见其梦想的蓝图。

在曼谷"快递"洒水车

2014年4月中旬，泰国曼谷。

此时正是每年一度的泼水节。外国游客们带着惊喜的表情，游走在人群熙攘的街头，享受着充满异国情调的泼水活动。他们时而抢过水瓢"袭击"身着民族服装的本地女孩，时而又被泰国小伙子用当头一盆的冷水浇得哇哇乱叫。在如此热情欢快的气氛中，不同国家和文化之间的差异已经微不足道，即便语言不通、肤色不同，人们也都能心意相通地享受快乐。

如此情景，是曼谷街头那些店主们几乎司空见惯的，种种闹腾除了为他们带来更多零售生意之外，仿佛已经吸引不了其多少关心。但今年，他们的注意力却被新的主角所吸引，每当那辆有着醒目"UBER"标志的蓄水卡车缓缓沿街边开来时，店主们就会忙不迭地将店外的货摊收拾起来。天知道这样的蓄水车接下来会有怎样的"疯狂"攻击！

这一次叫来蓄水卡车的是个黑人旅客。他远远地就招手拦下了卡车，然后迅速打开自己手中的包裹，套上其中的雨衣，又将智能手机和钱包放进防水信封。一切收拾好后，他露出雪白的牙齿，咧着嘴爬上了卡车后厢。那里有整整一个蓄水箱在等待他。

没等周围的旅客惊呼完毕，水枪已经居高临下喷洒而来，黑人宛如《终结者》里的施瓦辛格，表情严肃地操作着水枪，肆意地攻击那些手持瓢瓢罐罐的游人。大家毫无反击能力，只好四下奔逃……

这样的节日画面实在太美，街边店主们情难自禁地哈哈大笑。有人摸出相机，拍下眼前景象，上传到自己的Instagram账号中，并附上了这样的文字："今年，我们的泼水节有了UBER来捣乱:）。"

不用怀疑，这当然是卡兰尼克领导下的Uber打造出的又一次营销盛宴。在曼谷当地分部的组织和执行下，用户可以在泼水节期间，通过点击Uber Splash来选择附近的蓄水车。在预约成功后，用户可以很快登上蓄水车，在20分钟内，他们可以随心所欲地用卡车水枪去"打击"路上的行人。

有进攻就要有防守，Uber还为那些想要参加狂欢但却担心随身重要物品全的游客提供了所谓"生存套装"（Survival Kit），其中包括一件雨衣和一个防水信封，用户完全可以将随身携带的物品放到信封内加以保护。这些生存套装限量500套，用户只能点击Uber Bike，请自行车骑手送来。

Uber的参与，让整个泼水节活动场面更加新颖活泼，为古老而现代的曼谷增添了喜庆色彩。不过，稍微了解这家公司的人还是会问，为什么要做这种快递"洒水车"和"生存套装"的业务？这样的Uber，还是最初的打车软件吗？其实，这正是Uber市场估值能够在短期内不断攀升数十倍的理由。卡兰尼克始终在以出人意料的速度，带领着Uber将业务扩展到出人意料的范围中，而快递物流业务，只是其中的一大领域而已。

Uber快递物流业务的发端，起源于"冰淇淋日"活动，这一活动在推出之后取得了相当的成功。

首先，这种以事件为包装的营销活动，最容易吸引广泛的媒体关注，各路记者纷纷出动，对不同城市欢乐的活动情景加以报道，给平淡忙碌的生活增添一抹亮色。其次，参加者在个人朋友圈、微博上的转发，也让Uber冰淇淋日的活动不胫而走。没有花费一分钱宣传费用，Uber就将按需服务的理念传播到全世界。最重要的是，冰淇淋车活动给予了市场足够的想象空间，这是个精彩的故事，故事的背后意味着"Uber什么都能送"。

市场给予的反馈，让卡兰尼克和他的团队信心十足。之后，他和伙伴们利用头脑风暴，很快开发出Uber Rush项目。最初尝试该业务功能的是纽约和华盛顿的市民，从2014年开始，他们发现家里缺少了日常生活用品时，无论是一管牙膏、一瓶沐浴露，还是一盒黄油、一瓶沙拉酱，都可以在手机中使用Uber应用迅速点单、收货。随后，Uber又展开和美国多家零售商的合作，在全国逐步推广"同城当日达"快递服务，其中能够运送的商品既有Hugo Boss类档次的奢侈品，也包括高恩（Cohen）眼镜这类普通的生活日用品。

2015年5月，多伦多又成为全世界第五个开展Uber Eats业务的城市，在它之前，纽约、洛杉矶、芝加哥和巴塞罗那已经获得这样的资格。Uber Eats，是Uber最新推出的美食外卖服务，这种服务和传统的外卖服务有所区别，因为它只提供合作餐厅所供应的当日限定午餐，当用户打开应用之后，可以和订车一样选好中意的菜品，随后就会有司机接单，并在十分钟之内将菜品送到。除了应该付给餐厅的费用，顾客只需要支付三美元运费即可。

这样的服务听起来很像传统的餐饮外卖服务，但卡兰尼克不可能接受如此平庸的模仿。Uber总是喜欢主动服务，提前做好应对准备，因此，他们并不会在接到顾客下单之后才急急忙忙联系餐厅，然后再紧迫地赶到那里，如同赛车一般将菜品送到用户家中。经过技术团队的分析和计算，这样的传统方式在交通高峰情况下，最起码会让顾客多等待45分钟。

Uber则反其道而行之，他们会提前要求合作餐厅提供一定数量的菜品，Uber Eats的司机会每天早上先到不同的餐厅，将这些菜品保存在保温袋中放在车上，然后就像普通的出租车一样上街"转悠"。一旦有客人点餐，司机就会按照电脑系统分配，将菜品送到最近的用户手中。这样，顾客就会惊喜地发现，当他们放下电话五分钟之后，菜就可以放上桌了。

Uber Rush和Uber Eats所进入的快递物流行业，实际上早已互联网化。在美国很多城市中，一些小公司已经推出了利用移动互联网进行限时送达的快递服务。其中包括Instacart的杂货速递业务，Postmates的餐饮外卖业务，以及Shyp的上门收取包裹业务，等等。但这些小公司无论是运营规模，还是延伸领域，或者是技术能力和资源整合，都难以做到与Uber相抗衡。面对这样的局面，

Uber的强势进入，势必会让每个中小城市的物流行业再次掀起竞争浪潮。

这样的局面已经引起了美国物流行业巨头联邦快递的警觉。2015年3月，联邦快递总裁弗雷德·史密斯（Fred Smith）在接受采访时表示，公司的快递业务复杂，而且物流行业门槛相当高，Uber不大可能会撬走联邦快递的生意。但史密斯没有进一步表明的是，所谓快递业务的复杂性和高门槛，更多是指长途意义上的快递，但卡兰尼克目前还并不想让Uber的触角进入远程快递。反之，Uber会将争夺的范围缩小到一个城市甚至只是一个区，重点是本地的物流市场。当战场缩小到这种程度时，Uber就无惧联邦快递的优势，更重要的是，在本地化的战场中，Uber具有大多数物流公司缺乏的优势，那就是它无须承担整个车队的成本。

如果进一步分析还能发现，向物流发展，并不是Uber的最终目标，联邦快递这样的快递巨头也不是它所计划战胜的对手。卡兰尼克为Uber设计的未来，是成为整个人类社会出行的平台，随着经营规模化和业务扩张，更多城市的消费者将有可能因为这种平台，而放弃私家车的出行，避免任何停车、维修和保险的支出，获得更大的生活便利空间。

为了将Uber真正从打车软件转型成为"按需+共享"的生活平台，Uber在近年内开展了全球范围内一波又一波的营销攻势，这样的攻势，足以让任何一个企业对其刮目相看。

脑洞大开，Uber特别忙

一个企业之所以能够发展壮大，并不只在其最初的产品和服务能够提供多少价值，而在其究竟以何种形式推销自我，能够更为高效地被大众熟悉，进而接受其进行的转型。

对于Uber团队而言，这样的课题显然相当重要，尤其考验着他们的营销策略和手段。

Uber的诞生时间并不一定那么"恰当"，外部环境中，全球经济衰退下的出租车行业和监管部门，神经更加敏感，动辄祭起政策和法律的大旗对其加以打压，而其内部成长，又需要不断扩大的估值来吸引投资，并应付其他互联网创业企业带来的白热化竞争。

正是在这种"生不逢时"的背景下，Uber依然能够以"其疾如风，侵掠如火"的姿态，在全世界各大城市构建其自己的领土，在跑马圈地中打造未来更大帝国的基础。做到这一点，不仅仅在于Uber所持有的技术，而是它令人眼花缭乱的营销推广方式，能够一次次让整个市场"脑洞大开"，持续带来广泛吸引眼球的宣传效果。

尤其是在2013年之后，Uber在跨界营销上玩得更加得心应手、不亦乐乎，新闻媒体和大众舆论，始终将之作为引领互联网创业潮流的热点加以关注。

2014年4月，美国HBO电视台情景喜剧《硅谷》开播，这是一部以当代硅谷创业者为主角的电视剧，和Uber企业背景完全符合。因此，Uber便围绕热点设计出相当前卫的营销活动，主题为"快递投资人"。

众所周知，在硅谷，投资人始终是最受欢迎的角色。无论你的点子多么独特，产品多么前卫，没有投资，点子终归只是脑中的幻想而已。为此，Uber打出"给你七分钟，将投资人快递到你面前"的活动。在4月9日电视剧开播当天的11点到15点期间，Uber在硅谷三个主要城区提供这一活动服务，当你用手机呼叫Uber专车之后，会有谷歌创投基金（Google Ventures）的投资人坐在车中等待你。当你上车之后，司机会带着你在硅谷逛上一会，其中七分钟的时间由你阐述，另外七分钟则由投资人给你提供反馈。当然，无论结果如何，Uber专车都会免费将你送回出发地。

在此之前，无论是快递还是物流公司，都从未有过如此"奇葩"的营销活动。除了《玩命速递》这种好莱坞动作片之外，现实生活中谁也没想到过可以"快递"一个大活人。但Uber偏偏做到了，而且做得相当成功。

当然，这种营销手段也和Uber手中的资源有关。卡兰尼克在2013年左右逢源，拿到了谷歌创投的2.58亿美元，正因为有了如此的合作关系，谷歌创投才会愿意免费出面，帮助Uber进行市场的推广和宣传。

有了"快递活人"的营销活动，"快递宠物"也随之出现。在美国一些城市成功策划了"送喵星人上门"之后，该营销活动又出现在澳大利亚，并引发了当地的追捧热潮。

2015年2月5日12时到16时，Uber在澳大利亚的悉尼、墨尔本和珀斯等城市进行了"喵星人秀"活动。Uber用户只需要打开手机上的App，并点击小猫（Kittens）图标，不久之后，就会有司机将一只活泼可爱的小猫送上门，随后的15分钟，用户能够和猫咪亲密玩耍，尽情享受人和动物之间的友情。

这个活动看似平常，但其背后却有蕴藏了深远的社会意义。这一活动由Uber当地分部会和动物收容协会共同策划，而营销过程中所获得的车费将会全部捐给动物保护组织。通过这种营销，Uber既实现了品牌号召力的扩大，也提高了人们对流浪宠物的关注度，培养了更加和谐的城市爱心文化。

在加拿大，Uber设计的营销活动和法律相关。Uber在这个国家受到了相当大的法律限制，这让Uber团队"将计就计"希望从该领域找到营销亮点。Uber多伦多分部的员工们了解到，本地车祸在午夜之后的发生率是平常时段的三倍，而酒驾是其中重要诱因，于是他们选择在街头安装上了一定数量的自助酒精检测机，名为Uber Safe，这样就可以提示驾驶者们提前进行酒精测量，避免酒驾。而一旦酒精过量，检测机也会提醒他们主动使用Uber。

为了让驾驶者们更加简便地使用，Uber Safe自助酒精检测机器相当智能，只需要抽取出吸管，然后吹上六秒钟，就能轻松地从机器屏幕上读取自动检测出的体内酒精浓度。一旦发现有人浓度超标后，Uber Safe会自动联网帮忙叫来附近的Uber专车，还会承担一定的乘车费用。这样做，比起单纯的补贴显得更为人性化，也引导更多的人熟悉Uber产品。

法国是Uber最初创意诞生的国度，也是充满浪漫和传奇的国家。在这里，Uber选择了为世界娱乐圈所瞩目的戛纳电影节作为营销舞台。

2015年的第68届戛纳电影节开幕前，一则视频广告在视频网站YouTube上引发关注。视频上，一位气质出众的时髦女性使用Uber预订了一家专用直升机，随后，专车司机立刻开豪车接到她，并将她送往机场，乘上直飞戛纳电影节现场的直升机。

正当人们在讨论视频广告中的服务是否属实时，Uber法国分部宣布，直升机送客业务将会从5月13日开始，延续到5月24日电影节闭幕，总共持续12天。这期间，所有预定了直升机服务的乘客，都可以享受从尼斯到戛纳约七分钟的直升机飞行服务。

听到这一消息，许多时尚娱乐圈的大腕明星纷纷心动不已。要知道，从尼斯机场到戛纳电影节主场地，有一段必经的高速公路。即使平时不拥堵的情况下，开车也需要40分钟左右，而电影节期间，来自全世界的参展团队、媒体记者、影视星探、独立评论人等等，都会选择开车从这里经过，因此普通开车花费的时间起码会提升一倍。如果选择乘出租车前往，单程费用大约在120美元左右，而点击手机屏幕，选择Uber Copter的直升机服务，只需要60美元就可以迅速抵达会场。无论你是面对无数镁光灯走红毯的明星，还是勤工俭学才凑齐路费的普通留学生，都有资格享受直升机服务，还有比这项活动更适合参与者的吗？可以说，推出这一服务，Uber并不追求盈利，因为引起关注，就是最大的盈利。

美国本土团队面对海外同仁们的疯狂创意浪潮，自然也不甘落后，2015年，他们依然选择了和电视剧有关的营销。这一年，HBO电视台开始运作独立媒体服务项目HBO Now，该电视台也意识到，Uber的使用人群将会是媒体传播受众的中坚力量，为了形成共赢的推广，HBO和Uber联合，于4月16日到17日在曼哈顿推出了"铁王座试乘"业务。

所谓铁王座（Iron Throne），是著名美剧《权力的游戏》中王国权力的宝座，是所有粉丝们梦寐以求可以体验的重要道具。为此，Uber发出提醒，只要在活动时间内，输入"铁王座试乘"关键词，进入相关界面，就可以在现实中和卡车运送来的王座合影，如果选择"Pedicab"，一辆装饰过的三轮车会很快到达用户面前，用户可以兴高采烈地扮演成剧情中的安达尔国王或者先民，对纽约城加以"视察"。当然，考虑到想要参加活动的人太多，活动范围限制在纽约曼哈顿的14街到59街、莱星顿大道到第九大道之间。

作为Uber新兴开发的市场，亚洲地区也是跨界营销的重点。2015年3月21日到22日，Uber在新加坡开展了一场别开生面的超级跑车表演，公司联合兰博基尼和玛莎拉蒂两大跑车品牌，为选择服务的用户提供了15分钟的免费乘坐体验。为了让粉丝们的心跳加速，Uber提供的车型分别是兰博基尼的Gallardo Spyder和玛莎拉蒂的Gran Turismo这两款跑车，只要在Uber的应用界面上选择Super Car就会有机会预约成功。

当然，对于新加坡民众的消费能力而言，仅仅两天的免费乘坐活动远远不够。如果用户还有需要，可以通过Uber继续付费预约超级跑车服务。

同样在亚洲的日本，樱花节无疑是最吸引国民的重要节日。每年的三四月份，日本樱花盛开，漫山遍野都是繁盛的花朵，缤纷落英伴随如织游人，构成美好画面。此时，大批市民和游客总是徜徉在樱花树下，或品尝料理，或浅酌低唱。2015年，在这样的节日气氛中，也出现了Uber的身影。

由于一些游客对花粉过敏，Uber公司别出心裁地推出由无人机为用户免费发放口罩的服务。在活动期间，Uber日本的叫车平台界面更换成为无人机图案，只不过无人机的形状有些特别，装有四个轮子。似乎是为了告诉人们，即便无人机因为天气等特殊情况而不能飞行时，也可以继续在地面行驶。用户只要点击进入Uber Mask，就能像平时叫车一样，在地图上明确标注自己的位置，随后发出呼叫，即刻就能收到Uber用无人机递送的口罩。在樱花丛中穿梭的无人机，将古典浪漫魅力和现代科技精彩结合起来，抢走了众多游客的镜头。

除了樱花，在中国和日本，茶文化也是具有悠久历史传统的特色文化，其背后蕴藏着东方民族千百年以来的精神追求和道德修养，具有相当高的经济价值和社会价值。无论是普通爱好者还是专业鉴赏者，都对茶叶的口感、功效、品质和内涵有着强烈的追求，这也决定了茶文化行业有着充分的发展空间，需要更加专业的环境与服务。

然而，传统的茶文化在遭遇现代城市的快节奏生活时，曾经一度落入边缘化，尤其在欧美国家，茶叶行业始终难以在大众范围内得到普遍的认知和关注。

面对此种情形，卡兰尼克在2015年6月的演讲中强调说，茶行业实际上是一个在全球范围内都被高度低估了的行业。而Uber将会为此做出行动，将茶文化的精神内涵同互联网基因充分结合起来，引起大众的关注与认可。

在Uber日本分部的努力下，游客们不仅能够享受到软件提供的普遍叫车服务，还能享受到极富地方特色的品茶服务。在Uber主界面，有着类似于"附近的人"的功能，通过这一功能，用户可以看到自己身处位置周边有哪些茶楼、茶馆或茶室、售茶资源，如果用户想要找到更为专业的资源，还可以点击Uber界面底部的"呼叫约茶"，由合适的专属茶师提供专业化的个人定制服务。值得强调的是，专属茶师包括"人民茶友""专业茶人""资深茶师"和"茶神"四个级别的选择，同时，这些功能也和Uber专车功能相互对接，当你选择"呼叫约茶"之后，用户能够通过Uber系统所分配的专车，直接到达自己中意的饮茶地点，从而和茶师共度一段愉快的时光。

综合来看，Uber在全世界从未利用线上或线下广告的烧钱方式，来让目标消费群体迅速认识和接受品牌。相反，在其表面上脑洞大开的营销做法背后，蕴藏着普遍的跨界营销法则，即通过和不同行业不同品牌的合作，借他山之石来普及自身品牌认识度。

正因为跨界营销是Uber的主要营销方式，因此，它所选择的合作品牌并非仅仅看热门程度，而是强调双方的品牌形象和气质是否接近，只有类似，才能把控接下来跨界营销活动的整体调性。无论是动物保护，还是饮茶，都和Uber有着共同之处，那就是提倡一种不同于既有传统的生活方式。通过共享这样的特点，实现品牌和品牌之间的跨界营销，可以有效减少与用户的沟通成本，让彼此的手中群体交叉覆盖。

当然，如今不少品牌也都在进行跨界营销，但它们的跨界营销往往只是在社交媒体上进行自我表演，没有关注消费者是否真正参与。这就需要企业认识到跨界营销的本质，所谓的跨界，应该是将消费者作为营销的内容主线，让消费者站在主角的视角上，参与到一段故事中，而不是站在外围看热闹。

Uber诸多看似奇葩实则有效的营销活动表明，它将营销重点放在突破旧有形式之上，将一次次的跨界营销变成一次次短平快的突击战役。以最快的反应，抓住机会，形成多方的迅速磨合。Uber不仅有对应的理念和资源来设计并执行这些营销活动，更有着独特的公司结构和企业文化支持营销的创新。这些创新并非简单地想象，而是抓住每个地区、每个城市的不同，表现出Uber难以复制的价值。

峰谷定价，司机从此有了"主动权"

虽然Uber正在走向生活平台，但作为其最初和最主要业务，叫车服务从没有被卡兰尼克忽视过。他不断灌输Uber最新的理念和技术，因为他希望确保Uber不仅区别于传统的出租车行业，也要区别所有新出现的移动互联网创业公司。

Uber大多数的理念和技术创新都是被人所津津称道的。例如，派单环节的不可挑选化就很受顾客欢迎，诸如滴滴、快的这样的打车软件，选择的做法是向所有司机进行广播，然后由其抢单。但Uber只是直接为顾客指派距离最近的司机，而司机必须选择接单，这样，顾客的体验更好，而司机也避免了资源浪费。

与接单系统相比，Uber的定价系统经常受到诟病，其最大问题在于看似专制的"峰谷定价"。

大多数打车软件，虽然在形式上有着对传统出租车的种种"反叛"，但在最关键的定价体系上，依旧表现出对出租车行业的尊重。它们选择以距离长短进行定价，然后再用烧钱的补贴来吸引用户。但Uber并不这样做。

首先，Uber开发出动态定价系统。这套系统的技术亮点在于应用数据和算法，根据某城市内不同区域的供求关系，即时换算出不同的价格杠杆，进而触发市场自动调节能力。其次，Uber并不使用烧钱的方式来吸引顾客，在杠杆系统运作的同时，Uber会设法降低基本价格，从而给用户真正的实惠。例如，Uber进入上海之后，逐步推出了人民优步、Uber X、Uber XL和高级轿车等服务，其服务的起步价格分别是0元、15元、20元和20元，而上海本地普通出租车的起步价则在14元。即便加上价格杠杆，使用人民优步的价格也往往比普通出租车便宜不少。

之所以使用峰谷定价系统，还来自Uber刚刚推出时的运作经验。早在2011年，Uber波士顿分部通过研究数据发现，每个周末凌晨，都会有许多人在街头叫车回家，然而，那时候真正能够提供服务的出租车非常少。因为这个城市的司机们可不像整夜可以泡在酒吧的年轻人那样，他们需要到点就回家陪伴妻儿老小休息。

为了解决这样的问题，Uber总部最终开发出了动态的定价系统。当乘客需求旺盛而供给不足时，会自动提高车费，让更多司机走出家门为顾客服务；反之，当乘客需求降低而供给过剩，则会自动降低车费，提醒司机懂得休息，从而平衡工序。这种定价方式在经济学理论上看起来偏向自由市场主义，似乎并无不妥，但想让更多消费者接受这种价格杠杆原则并不容易。Uber虽然解释这种定价方式其实学习自许多国家征收电费的模式，但人们的消费习惯一时难以改变，经常出现反对的声音。

最典型的事例发生在2013年12月，纽约发生了暴风雪，这期间传统出租车受到限制并未涨价，而Uber价格则瞬间上涨了8倍。许多忠实用户在收到银行发送的信用卡消费短信提醒时，都惊讶得张大了嘴巴。

如果你是乘客，的确会发现Uber定价系统似乎是在存心敲竹杠。当你去别墅区参加一个周末派对，结束之后蓦然发现整个小区的派对都结束了，人们全都在黑暗中点选闪闪发亮的手机；当你好容易从机场出来，发现雷阵雨几乎让所有旅客狼狈不堪，大家挤在一起避雨并呼叫Uber专车；抑或一场户外音乐节终于结束，粉丝们背起行囊从草坪上离开，纷纷在手机屏幕上点选那个熟悉的Uber图标……毫无疑问，这些情况下你都需要付出比平时更贵的打车价格，几乎是被Uber平台上所有的专车集体宰了一笔。

正因如此，Uber推出峰谷价格之后，受到了广泛的批评，推特上有人直截了当地说"这是丧心病狂的敲竹杠"。而面对如此质疑，卡兰尼克也相当激动，他自信地告诉所有消费者"你希望总能获得充分的供给，那就必须采用价格这一工具来对工序关系进行平衡"。显然，卡兰尼克并不打算用较低价格来吸引支持者，相反，他坚定相信只有平衡了整个市场，Uber才会为社会做出更为长远的贡献。

其实，完全将Uber的动态峰谷定价归类为其贪婪，恐怕也是顾客在对比之后过于情绪化的判断。在许多较为成熟的行业中，早已使用了这种定价方式，无论是酒店、机票或者是汽车租赁行业，在节假日等情况下，价格都会比平时或周末甚至高出一两倍。由于这些行业的资源是无法增加供应量的，所有人都只能接受价格的提高。只不过Uber在这方面走得更远，其司机和汽车供应量是弹性的，既能够选择收工回家，也能够继续服务，这就需要利用价格来作为催化剂，促成供应和需求之间的平衡。

不过，市场总是在不断发展变化的，现在就断言卡兰尼克坚持的动态定价系统最终的成败结果，恐怕还为时过早。不仅因为动态定价让许多人感到不满，还因为Uber自认为这个最棒的创新系统，可能并没有真正在需要时做到刺激供应，反而在高峰期抑制了需求。

第三方研究者发现，开始有不少司机会主动避开高峰时间段的高需求地区，背后原因很简单，这些地区的顾客预测价格会成倍提升，因此反而会更少使用Uber。即使有少数急需的顾客可能会接受成倍的加价，但也是相当不情愿的，并且他们还会先选择普通出租车，因为它们不会涨价。

更有甚者，研究机构们还发现，如果顾客愿意多走几步路、过一两条马路，例如从纽约时代广场走到40街区，价格马上就会完全不同。这种算法背后的"破绽"迟早会被越来越多的顾客了解并加以运用。而峰谷定价的动态性能在其中会显得毫无意义。

总之，Uber使用的定价系统固然有其真正的技术价值，卡兰尼克要求公司为这样的系统申请专利也并不为过。但不得不承认的是，这种定价系统的作用越来越表现出其双刃剑的特性，Uber是否可以继续用好这一系统，尚需要未来时间加以证明。

公关战，挖来奥巴马总统的智囊

特拉维斯·卡兰尼克从来不是天生对政治感兴趣的那种人。小时候，他的梦想是成为国际大间谍，或许是电影荧屏上那些王牌间谍操作电脑的形象，才让他对电脑更有兴趣。但无论如何，人们无法看到他的家族或学业中有什么政治背景，直到他开创Uber。

从Uber进入公众和政府视线之后，卡兰尼克意识到自己必须要想方设法了解政治，他需要懂得如何去改善企业的形象，与其建立良好的公众关系。或许对一个刚刚崛起的企业来说，是否拥有良好的公众关系并不那么至关重要，但随着企业的发展，健康的社会形象和较高的政府评价是不可或缺的。为此，卡兰尼克想方设法与不同层级政府的监管者进行积极接触和谈判，从而加速实现Uber的合法运营。

客观上，对Uber反感的源头也越来越趋向于高层化。例如下一届美国总统参选人希拉里·克林顿（Hillary Clinton）在宣布自己未来的经济政策纲领时，对Uber也不乏指责意味，更不用说由于Uber商业模式的创新，打破了既有的规则，给监管机构带来巨大压力，同时还导致一些低收入人群因为暂时无法适应新经济形态而被迫失业，这些自然不是力求稳定的政客们所愿意看到的。

可想而知，如果卡兰尼克不学会政治资本的运作，以权力手段去影响政府，最终很可能被越来越强大的阻碍所阻击和压制。对此，卡兰尼克有过精妙的譬喻："我们正在经历一场政治运动，参选人就是Uber，对手就是令人讨厌的名叫出租车的家伙。"这句话背后的潜台词，卡兰尼克并没有说出，实际上Uber的扩张战争已经成为一场和政府内部代表传统利益派别的对决，Uber的经营已经被他真的看成一场大选。在这场大选中，不是将票投给Uber的朋友，就是将票投给出租车的敌人。

既然斗争已经上升到选举层面，Uber就必须要开始谋求解决之道。为了回击政府中保守势力的敌对，他利用美国政治中合法的游说制度，开始在华盛顿、纽约组建最强的游说团队。

从100多年前开始，游说团队就正大光明地进入美国国家政治生活中。那些看起来和任何利益方都毫无关系的说客们，总是利用国会会议间隙或者休息、午茶时间，在国会内行色匆匆来回穿梭，争取获得和议员们哪怕是见上一面聊上几句的机会。只有这样，游说团队背后的企业才能获得合法地位，传达政策需求。

随着游说文化在美国民主政治体制中的发展，企业聘请说客已经成为一道独特的风景线，利益集团、院外游说等活动成为美国政治生活中的重要部分，职业注册说客队伍也越来越壮大，往往都由资深律师、退休议员或官员担任。以至于在华盛顿宾夕法尼亚大道旁的白宫通向国会之间那条K街，聚集了大大小小的游说公司、公关公司，这些将影响政府决策当作生意投资的企业，犹如美国政商两界之间那条无法被寻常人触摸的桥。真正能够跨越这座桥的，只有美国的那些大企业，以2012年为例，总共有33亿游说资金投向各大公关公司，其中有四分之三的投资者是美国各大企业，包括通用电气、谷歌等等。有学者比喻说，大企业就像来到许愿池边投下硬币的人，它们总希望可以带来回报。

Uber当然也不例外。除了在政治中心，在迈阿密、巴尔的摩、丹佛和休斯敦等地，卡兰尼克也聘请了当地最好的游说公司作为公关团队进行运作。这已经成为Uber团队在美国扩张的重要策略，从28个城市到138个城市的过程中，他们总是先到一个城市运营，等扩张到一定程度，监管机构开始调查和管控时，庞大的公关团队就开始游说。《华盛顿邮报》披露说，从2013年到2015年，Uber在全美50个州中，共聘请了大约161名说客。

然而，只有外界这些合作的团队，还不足以令Uber具有超越其他企业的政治公关能力。卡兰尼克为此颇为烦心，他发现，在这个互联网科技公司中，有过政治经历的人几乎凤毛麟角，更不用说掌握强大政府背景和公共管理资源的人了。Uber发展到眼下，已经是时候解决这个问题了。2014年年初，公司就聘请了纽约市出租车及豪华轿车委员会官员艾什维尼·查布拉（Ashwini Chhabra），但卡兰尼克并不满足，他需要的是更为强有力的政治家。

卡兰尼克为此奔走于美国各大政治中心。白天，他先后拜见各大高层政治家，包括民主党战略家霍华德·沃尔夫森（Howard Wolfson）、时任白宫新闻发言人简·卡尼（Jay Carney），希望得到他们的推荐。晚上，则啜饮着黑咖啡，翻阅着下属所能搜集到的参考人选名单，指尖从一个又一个名字上划过，确定第二天继续去接触其中哪些人。讽刺的是，这些人中间没有一个是从硅谷成长起来的，但根本不具备专业背景的他们又能够将硅谷乃至整个美国经济都置于指掌之中……

蓦然间，卡兰尼克看到了戴维·普洛夫（David Plouffe）的名字。"普洛夫、普洛夫……"卡兰尼克觉得这个名字印象尤其深刻，他迅速在脑海中搜寻和此人相关的一切信息，几乎是一秒钟之内，另一个全世界都熟悉的名字电光火石般脱口而出：贝拉克·奥巴马（Barack Obama）！

没错，戴维·普洛夫，正是那个帮助奥巴马在2008年入主白宫的男人。卡兰尼克顿时来了精神，他想到自己的藏书中有一本《无畏而赢：奥巴马竞选团队的运作内幕》（*The Audacity to Win: The Inside Story and Lessons of Barack Obama's Historic Victory*），作者正是担任奥巴马竞选团队的经理。在这本书中，普洛夫详细介绍了自己是如何率领整个奥巴马竞选团队，在并不被广泛看好的情况下，辛苦筹款，拉票，设计竞选战略，展现魅力，积极公关并解决危机。最重要的是，普洛夫为看起来更加草根的奥巴马打造出了一整套利用黑莓手机、Facebook和推特这些社交网络取胜的计划，正是通过移动互联网与自媒体，奥巴马赢得了数以百万支持者的信任和投票。

由于普洛夫劳苦功高，奥巴马在获胜之后对他做出这样的高度评价："如果我们想了解一下我们选战团队的机制，想要看看是如何筹款和拉票的，如何管理基层会议流程的……恐怕没有其他人能够做到，也没有人能比普洛夫能够更让我信任。"

想到这里，戴维·普洛夫的名字在卡兰尼克心中分量更重了。他有政治圈人脉，有辅佐总统的背景，他了解移动互联网的作用，并能够利用先进科技来进行营销……这几乎正是Uber现在最需要的高管团队成员。戴维具有相当的政治统筹能力，他能够将奥巴马内在的人格魅力包装起来，来赢得普通人的好感和热情，再将之转化成为积极的投票，同样也能将Uber尚未被人们所发现的优点变成政府和市场接受的优势。这正是Uber当下所缺少的，即如何将民众对Uber的好感，转变成为更有实际影响力的政治资本。

不久之后，卡兰尼克就通过层层关系联系到了戴维。他诚恳地介绍了Uber未来发展的希望，邀请对方加盟，强调需要对方的经验和能力，这样的态度让已经多少厌倦了政坛的戴维感动。当然，卡兰尼克开出的年薪数字，也足以让这位前白宫高级顾问动心。

2014年8月，戴维·普洛夫正式入主Uber，担任公司高级副总裁，负责制定公司政策和战略发展。

入职伊始，普洛夫就对自己的新职位投入了极大精力。他迅速表示了自己对传统出租车行业的不满，在和记者谈话时，这位公共宣传大师如是说："Uber始终在用创新区帮助人们改变城市和生活。我希望自己可以做正确的事情，让司机和乘客相信选择Uber没有错。显然，既得利益者希望人们继续在原来的垄断樊笼里游戏，但我要告诉人们，他们应该拥有更多的话语权和选择权。"

普洛夫说到做到。随着他的加入，Uber成长活跃在全美各个角落。显然，普洛夫所编织的利益网络就像一台高精尖电脑，只要鼠标轻微动作，就能在机器内部引起复杂而精微的运算，并很快展现出结果。而鼠标，掌握在卡兰尼克的手中。

不久之后，科罗拉多州州长约翰·希肯卢珀（John Hickenlooper）站出来说，我们欢迎创新和破坏式的技术，科罗拉多州正在引领新的创新交通方式，比如Uber就会引起新的变革。更高级别站出来说话的则是共和党候选人杰布·布什（Jeb Bush），他在演讲中回应希拉里的批评，明确说他在出差去硅谷的路上就打了一辆Uber专车，这是他在对Uber的发展模式表示赞同。

随着公关局面和高层态度的好转，卡兰尼克迅速开展行动，他决定进一步加重普洛夫在Uber的地位，让他担任公司兼自己个人的首席顾问，并请入公司董事会。接着，又从谷歌公司挖来了全球共管主管雷切尔·惠特斯通（Rachel Whetstone），让惠特斯通接手普洛夫已经打下的局面，担任高级副总裁。这样，普洛夫结束了对日常公关事务的管理，更大限度上侧重于战略性的对外业务发展。

毕竟这位前总统智囊的价值体现在战略上，他虽然帮助Uber解决了眼前的公关问题，也获得了在一些州和城市运营环境上的提升，但对于Uber来说，未来更好的发展环境，还将需要公司上下做到长远战略和战术执行的完美结合。

事件+跨界，低成本社会化营销

卡兰尼克和他遍布世界的下属团队，将事件营销和跨界营销玩得令人惊叹，但这两种营销方式并非Uber首创，而是互联网营销发源之初就形成的重要商业策略。

早在Uber出现之前，利用事件炒作和借势名人的方式进行营销，经常能够取得令人意想不到的效果，不少企业通过迅速抓住受到社会关注的政治人物、明星艺人、网络红人和突发事件等等，结合既有的营销目的，进行互联网基础上的广泛嫁接传播，将社会关注舆论引导到企业品牌或产品上，取得了不错的成绩。同样，跨界营销也不乏先例，通过打破原有的行业和品牌界限，让原本毫不相干的元素进行互相融合影响，从而改变消费人群的内心体验，加强他们对产品的认识，并带来新的品牌影响力。

显然，无论是和冰淇淋销售商合作，还是和电视台一起围绕美剧主题进行场景活动，都是Uber利用某种热门事件进行的营销，同时也是丰富和深化用户体验的跨界营销行为。但Uber的优势在于将事件营销和跨界营销进行了完美结合，并以此造势，不仅为品牌本身的扩张提供了广袤土壤，更将共享经济消费理念植入社会文化氛围，浸染进越来越多人的心理态度和行为习惯中。

事实上，在移动互联网业已普及的时代中，简单的事件营销已经难以吸引广大受众的兴趣，更谈不上持续发生影响，将品牌价值贯穿其中。这是因为每个使用手机的人，都能成为信息社会中的传播节点时，越来越多的事件会形成

"五分钟头条"效应，即虽然在短期内会产生较大范围的关注，但会很快在几天内甚至几十个小时之后就不被关注。这意味着如果企业的营销不能在如此之短时间内，将事件本身和内在价值传播给最广人群，就会面对失败的结局。与此相同，传统意义的跨界营销也会遭遇类似的困境，不强调深度互动，而是生拉硬扯，反而难以收获想要的成效。

想要破解这样的瓶颈，必须如Uber一直做的那样，从共享经济模式本身特点出发，让"事件"和"跨界"两大营销模式充分结合，在更为立体的维度上进行造势。而Uber的营销实践，可以带来下面几点可参考的经验：

第一，利用事件，共享品牌的受众。

跨界营销实际上是一种联合营销行为，不同的品牌需要捆绑在同一平台上进行传播，但如果这种传播的受众无法一致化，那么必然会有其中某个品牌成为跨界的牺牲品。为了避免这种问题的出现，企业必须要积极运用共享思维，将事件营销打造成为品牌联合的载体，并以事件来吸引社会焦点，使不同品牌的消费人群能在事件中形成一致的关注点。这意味着事件营销要确保做到跨界吸引，既能够吸引本企业需要的人群，也要为合作对手带来关注度。

例如，Uber选择用专车送冰淇淋这一营销方式，显然是经过了团队策划的深思熟虑。首先，购买冰淇淋是生活中很常见的普通事件，尤其在美国大城市，"冰淇淋日"更作为里根总统颁布的国家纪念日而加以庆祝，这样的背景决定该事件的营销，必然能充分吸引Uber品牌的基础消费群体，即生活在大城市中的普通居民，尤其以年轻、时尚者为重点。

同样，对冰淇淋销售商来说，和Uber跨界合作，其利益不在于销售量的短期回报，而是由于采取这种方式能更大范围地扩大冰淇淋产品的曝光率，并因为服务方式的特殊性吸引目标客户的注意，这些目标客户恰恰同Uber的目标客户互相重合。

可以看到的是，如果没有"Uber送冰淇淋"这一事件，专车使用人群和冰淇淋购买人群虽然实质上高度重合，却无法在消费情境下做到一致化，无论是企业还是消费者都意识不到这种跨界需求的合理性。正是通过巧妙利用事件的产生和传播，两种原本互不相关的品牌取得了共赢。从某种意义上来看，这种营销方式体现的正是共享思维。

第二，合理跨界，分摊营销成本。

跨界营销，意味着企业不能满足于旧有的市场范围和宣传平台，它们必须主动出击，找到和顾客新的接触点。但在几年之前，这种跨界营销的选择，往往意味着花费不菲成本，个中原因很简单——如果跨界营销行为本身只能给主动方带来好处，那么被动方势必要因此得到补偿，营销成本压力将集中在前者身上。

2011年7月在中国上映的好莱坞电影《变形金刚3》，其中植入的中国产品有舒化奶、电视等，堪称中国企业历史上手笔较大的一次世界范围内跨界品牌营销。但为了实现这次营销，中国企业和好莱坞相关公司进行了一年半时间的运作，花费了1768份邮件进行谈判，总共付出的成本据传为每秒钟数千万元人民币，即便如此，这样的植入费用，也依然属于"很正常"的好莱坞水平。

反观Uber的营销方式，除了人力资源和给专车司机的补贴成本之外，几乎很少需要主动付出天量的资金投入：邀请明星艺人可以带动他们的粉丝人气，甚至可以是免费的；参加社会和城市活动，则受到政府与社会组织的欢迎；为合作企业如直升机制造商、餐饮企业、旅游景点等等提供产品口碑传播的机会，即便需要付费也有着充分谈判空间……如此跨界，建立在双方都能确实受益的基础上，而分摊成本也就成为合理的可能。

Uber的跨界营销与以往最大的不同，是这种跨界无论以何种形式出现，都满足了双方的需要。这说明，在共享经济商业模式下，为了提高营销效率，创业型企业更需要懂得如何寻找跨界伙伴，并以双赢的思维来推进合作，最终降低营销成本，直到将之降为零成本。

第三，具备充分的话题力量和极致的场景体验。

无论采取事件营销还是跨界营销，想要在目前信息泛滥的移动互联网中产生较为长远的影响力，必须具备充分的话题力量、极致的场景体验。当然，这两者又是相互关联的，当场景体验做到极致，可以解决受众人群的痛点，会自然形成有力的话题，同样，当话题不断延伸，又会激活更多人群希望体验场景。

Uber的营销行为中最大的特色，在于能够洞察人性，满足从精神需求到物质生活的追求。从泼水节的生存装备，到樱花节的防过敏口罩，从安全接送孩子上下学，到充满旖旎幻想的车上浪漫，各种场景都被设计进入营销活动中。从这个角度来看，Uber和营销合作方、营销接受方等等，共享的不但是一个事件，而是广大城市人群的共性冲动和追求。这种共性冲动和追求或许在日常生活中只体现在细节中，无法被充分洞察，但Uber的出现将之高度提炼，并进行有限放大，再以事件加以包装，形成富有创意的场景体验。这样，不仅跨越了品牌和品牌、产品和产品之间的界限，也跨越了从企业到人、从人到人之间的角色界限，这样的跨界方式，才能打破横亘在企业品牌口碑传播道路上的壁垒，并因此带给营销长远的力量。

无论如何，移动互联网下Uber的事件营销和跨界营销，并没有因为越来越广泛的采用而降低其效果。相反，共享思维灌注其中的营销方式具备了更为强大的生命力，并展现出传统市场营销理念所难以企及的高度。

第六章　初入中国市场

蜜月开始，与百度携手

2014年夏日的一天，卡兰尼克从繁忙的事务中暂时摆脱出来，轻松地坐在电脑面前，随意点击着Uber公司的内部网站系统。随着鼠标的移动，Uber的城市列表一条条在屏幕上显示出来，这是份长长的名单，几乎遍布全球。显然，这让卡兰尼克倍感欣慰，嘴角浮现了一丝难得的微笑。

卡兰尼克有如此的好心情，既因为Uber本身业务发展迅猛，也由于近期整个公司的市值预估被评级机构再次调高，这说明他在不久的未来还会得到更多投资，在世界地图上"入侵"更多的新地区。

那么，新目标放在哪里呢？卡兰尼克没有看世界地图，他靠向座椅背，面朝天花板，眼前浮现了亚洲东北方向那个至今未曾去过的国度——中国。

在美国文化眼中，中国是神秘古老的，五千年的传统文化让建国至今不过数百年的美利坚望尘莫及，而不同的政治制度与社会氛围，也让美国人内心始终充满距离感，担心自己熟悉的游戏规则和手段在这块陌生的土地上难以奏效。也正是这些原因，Uber虽然进入了同属东亚文化圈的新加坡、韩国和日本，却始终没有正式叩开中央之国的大门。这并非过于保守，而是必须慎重。

半晌，卡兰尼克将神思拉回到电脑屏幕前，他盯着那份城市名单，口中喃喃自语："中国，中国毕竟是太不同了……"

几天之后，一封邮件悄无声息地从Uber总部卡兰尼克办公室的电脑端发出，收件人明晰简短：李彦宏，百度公司，中国北京。

几乎是和卡兰尼克同年开始创业的李彦宏，此时在中国互联网络版图上，俨然已经拥有了自己的帝国。这一年，百度公司在移动端布局日渐完善，成功从PC搜索引擎网站形象转变成为移动App；这一年，公司发布了百度钱包，全资收购了糯米网，开始打造生活服务O2O大平台；这一年，公司发布了百度大数据引擎，将开放数据工厂、百度云和百度大脑等核心数据能力，向外界提供大数据存储、分析和挖掘能力；这一年，百度地图市场在中国移动互联网上保持第一，市场份额遥遥领先……与此同时，百度还不忘进行国际化投资布局，向室内导航技术服务公司Indoor Atlas投资了1000万美元，收购了巴西最大的团购网站。在股票市场上，从2005年上市之后，百度股价已经上涨50倍，并在这一年年底被摩根士丹利评为2015年中国网络股的首选。

正因为百度有着如此优秀的表现，因此当卡兰尼克想进入中国市场时，他最先想到的盟友不是别人，正是李彦宏。这两人虽然素未谋面，却有着不少共同点：都是平民家庭出身，卡兰尼克的父亲是普通工程师，而李彦宏的父亲是锅炉工；卡兰尼克从小喜欢计算机，李彦宏中学就代表地区进入了省一级的计算机编程比赛；卡兰尼克大学学的是计算机工程，而李彦宏为了补上这样的学习经历选择了去美国留学。两个人身高相近，年龄差距不到十岁，甚至穿着打扮习惯都很相同，都喜欢穿圆领毛衣，低调地露出衬衫领。

在邮件中，卡兰尼克表示，Uber渴望进入中国市场，希望能有机会和百度合作。令他有些意外的是，李彦宏的回复很快到了，不仅于此，李彦宏还表示，自己会很快到美国进行商务考察，并将对Uber旧金山总部的参观访问放入了工作日程。

就这样，两位有着诸多相似的创业巨子，在旧金山会面了。他们一见如故，亲切交谈。卡兰尼克向李彦宏介绍了Uber目前的发展情况和国际市场的关注度，谈到Uber产品的功能时，他兴致勃勃，就像一个父亲向别人介绍自己最优秀的孩子，而说到传统势力对Uber的打压，他又连连摇头，表示对此难以理解。李彦宏也被卡兰尼克的真性情所感染，他相信，面对用户庞大的中国移动互联网市场，Uber迟早会进入竞争者行列，如果错失合作的机会，对百度也很可能是巨大的遗憾。

后来，李彦宏这样总结自己与卡兰尼克的见面："也就是在那个时候，我更加理解，为什么美国互联网产业，近几年来出现的唯一的现象级公司是Uber。"高智商的缜密思维，和多年互联网创业经历带来的直觉，让李彦宏相信，Uber确实能够颠覆传统的商业思维，能够改变人们旧有的生活和消费观念，将会在全世界掀起一场经济形态革命。

在卡兰尼克看来，这次会面意义也相当重大。他更加确定了自己的想法，想要在中国这个陌生的市场打开局面，就必须要和顶级的中国互联网企业合作，捕捉到这个国家顾客群体的独有脉搏，并随之共舞。为此，卡兰尼克表示："和全球领先科技企业百度达成战略合作，能够让Uber与用户、司机的合作更为紧密。除了百度，没有其他任何公司能够真正帮到Uber。"

既然双方"家长"情投意合，那么"子女"的谈婚论嫁也就只需择定吉日了。2014年12月17日，虽然北京冬季寒冷，但西二旗的百度大厦室内的温暖让人们胸中如春，充满希望。这一天，卡兰尼克第一次踏上东方热土，还没有来得及领略中国的神奇和伟大，就和李彦宏在这里签署了双方的战略合作及投资协议，至此，双方正式达成全球范围内的战略合作伙伴关系。

根据协议，双方将会在技术创新、开拓国际化市场和拓展中国O2O服务三个范围内开展深度合作。会上，李彦宏和卡兰尼克相互鼓舞，展现出了充分良好的合作姿态，签字完毕后，东道主赠送卡兰尼克一台百度3D智能打印的自行车模型，而卡兰尼克则回赠给李彦宏Uber专车模型。

此时参会的各路媒体眼前，展现的是中美两国之间有史以来第一次互联网巨头企业合作的场景。此时的大家还没有预想到，在一年之后，百度和Uber中国的关系更加亲密。

2015年9月，卡兰尼克出席百度世界大会并发表演讲，他再次谈到合作伙伴时透露，百度是Uber在中国所发展的第一个合作伙伴，也是获得的第一个投资人。除了产品之间的充分对接融入之外，百度还为Uber牵线搭桥，向其介绍了其他合作伙伴。

2016年元月，伴随卡兰尼克的再次访华，新的合作消息也被释放出来，Uber在中国已经获得了价值20亿美元的投资，其中，部分资金是定向投给中国Uber的，其中，百度公司参与了中国Uber的A、B两轮投资。

百度和Uber，一个是中国网络搜索引擎帝国，另一个是世界范围内在崛起的创业公司，当代表两种不同文化背景、不同经营理念的企业走到一起，碰撞出的远不只是激情，还将带给市场更多的遐想空间。

但首先，Uber要做到的是浸入中国的市场和文化中，对于如此美国化的企业而言，一切都将是未知而充满希望的。

人民优步的前世今生

早在和百度合作开始之前，Uber融入中国市场的前哨战就已经打响了。

2013年8月，随着Uber在上海的试运行，Uber中文网站也不为人知地上线了。网站宣布，Uber在上海推出的第一款产品就是Uber Black，主打高端商务服务，其对应车型为宝马、奔驰和奥迪等商务用车。之所以选择这款产品在中国打响，大概是为了先拿下高层消费者，再进行"从上而下"的品牌宣传。

2014年6月，Uber开始推广其运行领域，先后在深圳、广州和北京三个城市进行运营。具有纪念意义的是，北京成为Uber在全球进行战略部署的第一百个城市。

进军了中国最大的几个城市，并不代表Uber的胃口已经满足。恰恰相反，卡兰尼克希望看到的是Uber能够在中国遍地开花，一如在美国那样，为此，Uber专门为中国人制定了最接地气的本地化服务，名叫人民优步。

人民优步项目的创立，可谓正得其时。2014年新年，北京市出台了《小客车合乘指导意见》，对市民拼车合法身份加以确认，"顺风车"收费也不再完全违法。而当年夏天，Uber就进入了北京，8月份，就推出了人民优步这一公益服务项目。

人民优步围绕中国市场的需求，强调以人为本、服务大众，以低价便捷作为最吸引中国人的营销卖点，希图尽快在这个对Uber相当陌生的国家进行推广。为此，人民优步首先降低了司机进入的门槛，只要求司机年满18周岁，生活在已经开通Uber业务的城市，并有一辆价值在10万元以上的车，拥有这个城市的车牌照。这样的条件基本上相当于美国最大众的产品Uber Pool。另外，正因为人民优步项目是非营利性的，公司根本不在其中抽取提成，而是将提成全部返还给司机。不仅如此，人民优步还借助Uber所拥有的技术平台，对通过认证的私家车加以统一管理，允许最多四人进行拼车服务，其起步价格比本地出租车的起步价还要便宜。由于人民优步支持平摊车费，因此每个乘客付出的实际价格很可能更低……

这一切看起来都很美。不过，真相却是，人民优步很难真正被定义为公益慈善项目，而是已经相当本土化的服务。换而言之，在中国，人民优步才是真正的Uber。

人民优步刚刚推出就获得了许多私家车司机的注意，精明的中国司机们发现，自己不仅不会被Uber抽成，还能得到公司每单60元左右的补贴。扣除燃油消耗和时间成本，他们绝对比出租车司机赚得多，而且是自由的业余兼职。同样，顾客们也会发现，用人民优步，价格比出租车也低得多。

但实际上，司机和乘客的皆大欢喜，来自Uber在背后的猛烈补贴，Uber以打折的方式补贴乘客，以直接发放的方式补贴司机。卡兰尼克毫不声张地烧掉钱，希望从司机和乘客两端，都打造出围绕着人民优步而开展的出行方式。

例如，人民优步为司机制定了单独的优惠政策，在每天的高峰时间段，一个人民优步司机能获得比原价格高2—3.5倍的奖励，而如果一周内完成固定单数，则能够从公司拿到800元补贴，同时下周还会给予相应倍数的补贴。反之，如果接单率低于70%，则所有的补贴奖励都会被免掉。这让许多司机为了拿到更多补贴而努力接单。以杭州为例，在2015年年初，不少人民优步司机每天工作四个小时，每个小时接两三个单子，月收入就能达到6000元，一些专职司机月收入则能达到上万元。

在数字面前，市场很快就反应过来。人民优步实际上是Uber进入中国这盘大棋的一枚重要棋子，虽然名义上是拼车平台，但事实上想要做的是将私家车作为专车来运营。选择这种形式，一定程度上是想要麻痹竞争对手，但更重要的原因在于目前中国法律政策还不允许私家车作为专车来运营，Uber并无退路，它只有选择前进，才有希望获得市场。这样，以"拼车平台"为名来经营

"专车业务"，成为没有办法的办法。

对此，Uber中国早有准备。它已经做好将人民优步当成流量入口角色的工作，这一服务在"究竟是合法拼车，还是非法私家车营运"的质疑中，不仅在北京迅速开展，还被推广到了深圳、上海、广州、成都、杭州和武汉等14个城市。Uber中国毫不掩饰自己的目的性，之所以开通这项服务，更多的战略目的是引流，以超低的价格去吸引用户，然后将他们引导到Uber X、Uber Black等高价打车服务上。从这点来看，人民优步使用的烧钱战略，也就更加令人容易理解。

或许尝到了人民优步引流的甜头，抑或是卡兰尼克必须要投下另一枚棋子，在人民优步推出近一年之后的2015年8月，新版拼车服务"人民优步+"又在北京推出。比起原来的版本，"人民优步+"为乘客们提供了相互之间拼单的功能。

在"人民优步+"的功能中，作为乘客，需要在下单时提前填写目的地，而且一旦下单不能改变。此外，乘客还需要选择是否同意拼车，如果同意拼车，就能享受拼车优惠，下单之后的几分钟内，"人民优步+"会为司机匹配顺路的乘客。在匹配成功之后，第一个乘客能够在自己的手机上看到另一位乘客名字，他们可以在不同的地点上车，当然，万一系统没有匹配成功，唯一的乘客也可以享受拼车优惠。

细节上，"人民优步+"同样并非无可指摘，比如司机的负担加重了但收入却没有任何提高，比如乘客需要等待另一位乘客上车，等等。但从战略上看，"人民优步+"的未来是乐观的，因为它更像是"拼车平台"了。在这里，乘客们享受了更为便宜的车价，而不需要提前进行预约。尤其是北京这样的大城市，实行车牌单双号限行，私家车司机数量会变少，而拼车也将提高交通工具的运输能力。如果未来中国大城市设立欧美国家的那种HOV车道，只允许载客三人以上的汽车使用，那么拼车或许会比一个人开车更加快速到达目的地。

不论如何，伴随着人民优步项目充满争议的成长，到2016年，Uber的业务在中国已经覆盖了超过55个城市。Uber的计划是在这一年年底进入100个中国城市。卡兰尼克曾经在一封写给员工的邮件中这样描述："在Uber业务量最大的十个城市中，有四个是在中国，这让中国成为Uber在美国之外的最大市场。"

毫无疑问，无论是卡兰尼克和Uber公司，都将希望寄托在中国市场的发展中。但这条道路注定是崎岖的，一如Uber在全世界各大城市所遭遇过的禁止那样，人民优步的运营实质，终究还是会在不远的将来，为Uber带来了不大不小的麻烦。

"双城记"调查事件

2015年4月30日晚，广州天河北路尚层国际12楼的"Uber司机之家"，迎来了一次并不意外的执法行动。

这天晚上，"Uber司机之家"内一反常态。大门入口处旁边仍然有"由此排队"的标语，那是之前为引导注册司机而使用的，但此时显然已经无人关注。原本规范秩序的蓝色"一米线"，有些凌乱地摆放在过道中，公司前台的正前方已经没有了"Uber"的标志，上面贴了一张纸，上面写道：4月30日到5月3日放假，5月4日下午正常上班。

这一天，整个楼层人头攒动，照相机镁光灯不断闪烁，表情严肃的制服男子们有序地穿梭着，不断向外搬运着材料、桌椅、设施，现场有人指挥着集中登记上千台苹果手机。执法者们话语很少，除了低声的交流外，只有按部就班的行动。

当天晚上11点20分，广州市交通委员会发布声明宣布："广州市工商、交委、公安联合行动，打击涉嫌组织黑车进行非法经营的Uber广州分公司，现场查扣上千台iPhone手机。"

随后，广州交委解释原因说，各类"专车"软件应当遵循运输市场的规则，凡是利用私家车等社会车辆从事"私租车"服务的，均涉嫌非法营运，都会依法处罚。

一石激起千层浪。

虽然第二天广州的Uber系统依然在正常运作，但互联网上的议论声已经超过了官方表态的声音，种种意见纷至沓来。

有人说，Uber就是黑车公司，早就该查封了，最好直接禁止它开展所有业务。这些人里，不少都是传统出租车司机。

有人说，广州向来以开放包容、兼收并蓄为城市文化特色，改革开放的光辉历史也是从广东开始书写的，对新生事物不应一律采用封禁的方式。

还有人直截了当地说："Uber现在无论价格还是服务，都比出租车好，我愿意消费。"甚至有人直接在著名网站"知乎"上发表宣言说："今天我不挺Uber，明天我就要回到烈日下，一次次祈求那些牛气冲天的出租车司机。"毫无疑问，这些大都是从Uber身上体验到方便快捷的乘客……

从事后的"Uber广州被查时间网络舆情分析"中可以看出，至少81%的网友并不直接赞成查封Uber，其中47%的人明确支持Uber，22%的网友则倾向于指出出租车存在的众多问题，另外12%的网友则建议政府考虑对Uber加以引导规范。

还没等互联网上的舆论有所统一，成都又传来消息，位于人民南路仁恒置地广场的Uber成都分部，也被有关部门进行了联合调查。

一时之间，中国的Uber司机们不知如何是好。大家都希望知道，自己所从事的兼职究竟是否合法，是否能继续下去。虽然谁都希望通过开车贴补家用，但没人想过触犯法律。

而事实上，对专车的调查也并非师出无名，专车司机们大都使用私家车，只有驾驶证而没有营运证，就算是租赁公司的专车，也只是车有执照，司机一样没有营运证。因此，无论中国哪座城市的交管部门或者工商部门认定专车服务等于黑车，在2015年还的确有法可依。

但或许值得卡兰尼克和整个Uber成员庆幸的是，2015年的中国，早已不是20世纪70年代末。那时，引入可口可乐曾经被质疑"卖国"，甚至有退休领导表示可口可乐只能卖给外国人，不能卖给中国人。在经历了改革开放三十年之后，这个国家无论是政府还是社会，乃至每个公民，都已经具有了良好的开放包容心理，可以接受任何能为集体与个人带来收益的新事物，并抱着加以调整对应的态度。

正因如此，无论是广州还是成都的"查封"事件，除了引发大规模关注之外，其实并没有真正影响Uber的平台运营。这种略带警告式的调查，传递出的信号是积极与和善的，比起其他国家的明令禁止、高额罚款和直接封杀，显得"温柔"许多。

实际上，Uber之所以在世界各国都遭遇种种压力，其法律原因也不容忽视。伴随移动互联网的快速发展，各国当初制定法律时的时代背景都已经完全改变，而适应新环境的法律又无法出台，造成了新的灰色地带。这样的灰色地带中凸显出如此具有规模的组织，必然是各国政府要加以出手严格管理的对象，因为一旦出现问题，不仅难以解决，甚至连责任主体都无法明确。

Uber总部当然很清楚这些原因，也知道政府的这两次调查并非真正要"棒杀"，而是为Uber指出正规化的道路。因此，当他们遭遇广州和成都的调查之后，展现出了积极的合作与沟通态度。

在广州，Uber团队相关人士在第二天就回应媒体表示，工商部门来公司只是进行例行检查。Uber会密切和各个部门进行沟通，并始终保持良好的积极配合，整个平台服务不会受到任何影响。

在成都，Uber分部所在的办公楼很快贴出通知，强调"Uber因业务需求已搬离"，紧接着，没有透露搬到哪里去的Uber成都团队发表声明，表示已经和成都市多部门有关领导进行了积极有效的沟通，将会紧密配合相关部门的管理工作，进一步加强对平台的管理和规范，共同探索创新商业模式怎样在"互联网+"战略下规范、发展和完善……

的确，面对城市高速发展中越来越大的交通出行需求，从上到下，恐怕并没有人希望看到互联网叫车服务的消失，而是希望其更加规范与可靠。正因为中国的交通压力伴随城镇化必然趋势越来越大，看似由Uber引起的私家车与出租车、乘客与司机、政府和资本之间的矛盾，实则绝不可能由于一两条禁令而解决。乘客对于公共交通服务的需求，难以在现有的法律框架下得到解决，而互联网又是能够创造奇迹、深挖经济潜力、打造新行业的平台，更能引发资本的流动。因此，政府监管部门明智地选择了调查而非禁令的方式，既安抚了传统的出租车行业，维系了法律的尊严，同时也给了新兴行业自我调整与成熟的机会。

当未来我们重新看待这两次调查事件时，或许可以更加肯定地说，正是发生在2015年春夏之间的监管行动，给了Uber中国团队以猛醒的棒喝，促使他们进一步认识了解中国国情的重要性，促进他们去规范服务质量和加强安全保障。同时，网络舆论近乎一边倒的调子，也提醒了政府，需要为Uber等互联网专车企业制定合法而有效的新的法律体系，甚至还提醒了旧有出租车行业成员，属于他们的美好时代已经过去，必须提升服务质量并融入新的科技元素，从而提高行业整体效率。

时光飞转，变化在迅速到来。

仅仅是查封事件后四个月不到的时间，8月18日，Uber依然倔强而低调地在广州启用了50多个上下车站点，并将之命名为Uber Station，这样的站点是为了对乘客和司机加以快速定位。它们类似于公交车站，位于50多个住宅区和商业楼盘之间，乘客们只需要来到上下车点，司机就能迅速在地图上找到定位，以便进一步缩短沟通过程，提高打车效率。

10月，Uber中国在一封电子邮件中宣布，成都Uber上线一周年来，有350万乘客使用Uber叫车，而该平台在成都的注册司机也高达77万人之多，成都超过纽约成为全世界Uber订单量最高的城市。甚至只是在成都刚刚推行了100天的人民优步——多人顺路拼车合乘服务，也在短短3个多月时间中，完成拼车需求接近360万次，相当于在这个城市中每天有3.6万人次使用Uber拼车出行。不言而喻，成都已经变成Uber战略的成功典范，当成都团队的员工，走上美国总部年会的演讲台时，台下传来的是真诚的掌声和一连串的惊叹。

10月10日，国家交通运输部对外发布了《网络预约出租汽车经营服务管理暂行办法（征求意见稿）》，并进行为期一个月的公开征求意见。虽然暂行办法中依然保留了限制较大的几处争议内容，但起码让共享经济下的专车服务看到了全面走向合法的希望。

一个月之后，《中共中央关于制定国民经济和社会发展第十三个五年规划的建议》中，明确提出了"发展分享经济""共享经济"这些热词，并首次将其正式列入国家层面政策之中。无疑，Uber所倡导的"共享经济"，以及背后所代表的种种创新商业模式，正式成为国家层面的战略规划……

一切情况都表明，经历过两次查封事件后，Ube在中国并没有倒下。相反，从某种程度上来说，它和共享经济一起，更为全社会所关注。

女掌门柳甄，和用户比"酷"？

推行人民优步固然带来了良好发展势头，但也产生了一系列亟待解决的问题。既迅速发展，又遭遇调查，两者看似矛盾的现实，在2014年和2015年之间，构成Uber中国发展的主旋律。但身处如此旋涡中，Uber依然没有忘记和全球Uber保持一贯的事件营销风格。

Uber在中国市场所开展跨界营销的典范，当数其和"妈妈网"的成功合作：

2014年9月1日，是大多数幼儿园开学第一天。"妈妈网"和Uber专车联手送宝宝去上幼儿园，并跟拍宝贝们在第一次上学路上的故事。要知道，全中国每个家庭对于这样的故事几乎都不陌生，9月1日也是非常值得纪念的日子，许多宝贝因为上幼儿园将会第一次和家人分开八个小时，进入全新的环境，父母们心情复杂，有担心，有焦虑，有不舍。正因如此，Uber和"妈妈网"联合举办了这一活动，上学、放学路上，由专车接送宝贝，并有专业摄影师进行全程的跟拍摄影，记录宝贝难忘的上学第一天。

为了吸引更多网友参加，Uber表示，只要符合报名条件，并能够按照要求进行报名的网友，无论是否能够入选，都可以获得Uber提供的100元打车基金。同时，该活动由于携手"妈妈网"，获得了很多妈妈的好评。在活动结束之后，不少妈妈在活动主帖后跟帖留言，表示兴奋和感谢的心情，比如："来了个高大上的奥迪，很是宽敞，真心不错啊！""给宝贝一个有意义的开学纪念！"另外，这样的活动也让不同地区的妈妈们相互认识，共同体验了Uber专车的使用场景，而当这些家庭未来需要使用专车时，也必定会在记忆中浮现出Uber的身影。

Uber中国的营销，从此有了可以仿效和参考的范本。和在其他国家一样，Uber从不和专门的广告机构合作，也并不大追求互联网平台上的曝光率，2014年、2015年在百度上搜索"Uber中国"，会发现信息并不多，甚至连本身相当精彩的跨界营销案例也完全搜索不到。对此，Uber深圳的负责人一针见血地指出：Uber在中国，走的是口碑传播营销路线。换而言之，Uber更重视线下的用户体验，特别是能够将每次跨界营销都做成可以让用户尖叫的事件。

很快，类似事件营销在中国Uber团队的策划下如雨后春笋般出现：

在深圳，Uber和中国首届新媒体艺术节合作，提供专属大巴，沿路搭载乘客抵达艺术节现场。同时，大巴上还专门提供了顶级美发师、美甲师和专业DJ的服务，让艺术爱好者们在车上就做好了活动准备。

在成都，Uber和宝马Mini合作，活动时间内市区三环之内可免费搭乘宝马Mini至目的地。每辆Mini车内配备两位司机，轮班为乘客提供服务，此外还有Mini期刊、免费饮料、车内Wi-Fi和充电器等人性化的服务产品。

在杭州，Uber于2015年3月开启了一键叫船业务，用户可以在西湖楼外楼码头旁使用Uber App叫上一只人工摇橹船，以最快的速度"穿越时空"，用古人的方式和互联网的技术泛舟西湖，享受人类文明跨越千年的融合。其实，这只不过是Uber Boat这一服务项目在中国的"变形记"，因为早在2014年，Uber Boat就在波士顿推出了租赁邮轮服务，而进入中国之后，这项服务理所当然地变成了租赁摇橹船。自然，这也符合Uber尊重本土化风土人情的做法。

毫无疑问，这些事件营销得益于Uber在中国各城市的运营团队，他们中的绝大多数人都具有海归背景，时刻关注新事物，满脑子所想的都是如何创新、如何打造品牌，最终是如何将自己和Uber变得更"酷"。

到2015年4月，这些团队终于有了共同的领导人。她叫柳甄，是柳传志的侄女儿。

提到柳传志，人们不能不"联想"。32年前，这位体制内先驱者怀揣20万元，创办了联想集团。那时，他的儿子柳林刚刚14岁，大女儿柳青只有6岁，而柳甄则刚刚出生不久。今天，联想早已成为中国最成功的企业之一，柳传志退居幕后身为最具有影响力的"教父"，而儿女们则在分享父辈的荣耀之余，也秉承了柳家后代独有的儒商气质。

2015年为柳家写下了浓墨重彩的一笔。联想成为神州租车的大股东，柳青出任滴滴快的总裁，而柳甄则成为Uber中国区战略负责人。这个家族几乎包揽了中国专车市场前几大企业的主要管理力量。

柳传志的家教出名严格，他定下的规矩是"柳家所有人不得进入联想"，因此，柳青从哈佛大学硕士毕业之后，就直接进入高盛亚洲集团投资银行部工作，直到2015年出任滴滴快的公司总裁。在这位被《福布斯》杂志评选入亚洲商界权势女性前50位的堂姐光环下，Uber中国第一任战略负责人柳甄，要显得低调不少。

30多岁的柳甄，除了正式场合穿职业套装，平时总喜欢穿卫衣出行。邻居们偶尔会看到她扎着马尾辫，背着印有Uber标志的双肩包走出家门，除了接送孩子上学，一般情况下，她都选择打Uber专车出行。

虽然看起来像个普通的城市白领，但柳甄和Uber的不解之缘早在美国就已经开始。

自幼独立性强的她，习惯于自己去认识和探索世界。她从小就上寄宿学校，每周只能回家一天。小学四年级时，父母就将她"放养"到北京附近的农村，她和每个农村孩子一样，肆无忌惮地爬树摘果子、在农田里玩耍，体会着自由自在的生活，享受着无拘无束的快乐时光。

1999年，柳甄探索的新世界从农村变成大洋彼岸。这一年，她来到美国做高中交换生，迫不及待地希望了解这个不同的国度。她寄宿在多子女而生活安逸的中产阶级家庭中，同其中每个成员都相处得非常融洽，柳甄将之归功于自己很强的适应能力。

2008年，柳甄从美国加州大学伯克利分校毕业，进入硅谷的一家律师事务所工作。在那里，她主要服务于高科技企业，帮助它们进行并购、融资和上市等等。她喜欢那些才华横溢、充满激情的创业人，虽然这些学生经常只是开着一辆破车前来咨询，但柳甄还是会认真地帮他们找到天使投资人，向他们介绍应该如何分配期权，如何建立股东结构和公司架构。这让柳甄接触到了众多高科技企业，对各行业都有一定的了解，而Uber当时也正是柳甄律所的客户之一，通过工作，她认识了卡兰尼克。

2012年，柳甄去硅谷出差，第一次用卡兰尼克推荐自己下载的Uber App叫了车。她感觉使用效果很好，同时也发现身边越来越多的美国人都在使用这款软件。随后，她在美国越来越多的出行都离不开Uber，成为"重度用户"中的一员。

2015年4月，柳甄终于将这份情缘续写一笔，成为Uber中国战略负责人。

作为世界互联网打车行业的领军者，Uber用这样一位并没有相关经历的"外行"来掌管中国市场，多少有些意外。但柳甄说，加入Uber是"自己内心的需要，一切都来得水到渠成"。

在卡兰尼克邀请柳甄加入优步中国之前，她就感受到了这家公司对自己内心的吸引力。

一次，柳甄和朋友们聚餐，大家信口聊到的主题是"万万没想到"。一位在Uber供职的朋友说，他以前在中东工作过，那里常常战火不断，恰好适应了喜欢挑战和冒险的自己。但让他"万万没想到"的是，当自己进入现在的工作环境之后，碰到的挑战更多、更刺激。

这样的描述令柳甄心向往之。2014年，当Uber进入中国市场"拓荒"时，柳甄有意观察和了解着他们的工作状态。那时，除了在北京和上海，几乎没有人知道什么是Uber。柳甄亲眼看见，Uber团队初创经理们每天都背着几十斤的书包，站在街头给司机们发手机，教他们如何使用打车软件，连续一周七天从不间断。

眼前的景象不断感动着柳甄。正是Uber在这一年中国市场展现出的文化能量和适应能力，满足了柳甄所说的"内心的需要"。

没错，她喜欢追寻"酷"的状态。"酷"，固然需要一个人保持生活上的洒脱，更要有事业上始终特立独行的精神。这样的人，应该时刻处于乔布斯所信奉的"永无餍足，永葆拙心"（Stay Hungry, Stay Foolish）的状态中，才能配得起精英们发自内心的一声"酷"。以这样的追求目标来加入Uber，固然是对前硅谷律师柳甄职业生涯的挑战和考验，但也同样是对"酷女孩"柳甄最好的赞誉。

成为Uber在中国地区的负责人之后，柳甄并不回避对"酷"的追求，她承认自己希望和团队一起，将Uber做成有想法的公司，因为用户也恰好是比较酷的人。因此优步中国所做的市场营销活动几乎都是不花钱的，例如和其他行业的跨界合作，这样的效果比起单纯的花钱买推广，看起来更加吸引用户，也更加能够口口相传。

用户的"酷"吸引了柳甄，也决定了她对整个优步中国的管理思维。在入职之后，柳甄面对着的是全国21个城市的Uber团队，团队总共划分为北、中、南三个大区，并以城市为中心加以运营。这些城市的业务增长速度是相当惊人的，成都Uber上线之后5个月，订单量就达到了旧金山的701倍，杭州则是后者的618倍，武汉也达到了230倍，柳甄对此感到兴奋，但更让她倍受鼓舞的是，这些城市的运营团队依然只有两到三人。为此，她将"鬼马"和"天马行空"合并成为"鬼马行空"，用来表示对Uber团队员工们的敬佩。而当她成为这些团队的领头人之后，更是将每个城市90%以上的决定权，交给城市经理，充分激发运营团队的创意和能动性。柳甄相信，这会更大限度地激发那些"鬼马"团队，让他们创意十足。

除了对"酷"的追求之外，对分享经济的追求也是柳甄喜欢在Uber工作的重要理由。她不止一次对记者说，在Uber所带来的共享经济模式下，不需要人人拥有专车，但人人都可以享受专车的服务。中国人不再会因为找不到停车位而发愁，或者站在寒风中等车，而是可以在专车上打电话、上网，既高效又不失风度。

在成为负责人之后，司机们发给柳甄的电子邮件，为她带来了更强的工作动力。一位司机专职是在淘宝开店的，业余时间为Uber开车，他在邮件中说，自己最喜欢的就是Uber对司机的态度，感觉自己不再是公司雇员，而是合作伙伴；另一位司机则是在北京动物园附近摆小摊的，去开摊路上会顺便带客，他告诉柳甄，做Uber司机一年多来，公司每周一给司机的打款从不会迟到，只有一次系统故障而且还提前发了短信通知……这些反馈让柳甄更加意识到共享经济的宝贵，这一精神在专车市场中的体现就是，司机与乘客之间的身份并没有明确的分水岭，今天你是司机，但明天你出差到另一个城市就会变成乘客；或许今天你是乘客，但一年后你有了车就会成为司机。Uber的商业模式让其中所有人明白，无论是社交还是生意，都可以看作是和朋友间的平等交流，这才是分享经济的内涵所在。

Uber在中国的路才刚刚开始，在柳甄的一手打造下，无论谁将最终出任中国区CEO，都会拥有不错的开局。

滴滴是个好对手

在中国，提到Uber，就不能不提到滴滴，同样，当你在谈论滴滴快的时，你也无法回避Uber的存在。这样一对"土洋"同行，既可以看作冤家对手，也可以是同盟兄弟。它们之间的关系微妙到无法用一两个词语来加以形容，而往往其中的当局者，反倒不如站在局外者清醒。

Uber和滴滴们的恩怨，还要从中国本土互联网打车软件的发源开始说起。

2012年，成立刚刚满三个月的杭州快智科技有限公司，在杭州推出了"快的打车"，一个月之后，北京小桔科技推出"滴滴打车"。此时，Uber在美国出现也只有两年多的时间，打车软件即使在全世界而言，都只是新鲜事物，京杭两地也只有少数人在使用。不过，如此风平浪静的情形，很快伴随互联网巨头们的介入而终结。

2013年4月，快的获得阿里巴巴、经纬创投的1000万美元融资，几乎在同时，腾讯注资滴滴1500万美元。有了如此雄厚的靠山，两大打车软件很快以急火燎原之势席卷全国。2013年10月，滴滴打车市场占有率达到59.4%，而快的则宣布其在上海、广州两大城市的市场份额超过80%，在全国市场份额超过50%。

随后，令市场和用户猝不及防的一幕发生了。2014年元月，随着腾讯1亿美元融资到位，滴滴打车利用微信支付开始发放红包，而快的在阿里系的支付宝平台上也紧随其后。这场最终烧掉将近20亿元的红包大战，一直延续到当年5月份才宣布结束，堪称中国互联网商业形态创立以来最惨烈的一战。然而，当补贴结束之后，订单数量明显下降，在滴滴打车补贴最高的时候，订单量最高达到530万单，而停止补贴后，则回落到300万单左右。

除了融资大战和红包大战之外，滴滴和快的还积极拓展领域，将竞争重点推及专车服务上。2014年夏，快的推出一号专车，滴滴则推出滴滴专车，双方进一步激烈火并。但令人始料未及的是，伴随着Uber迅速进入中国市场，再加上神州租车、易到用车等软件的紧追不舍，2015年2月，原本相杀的滴滴和快的居然迅速相爱，缔结了一场"联姻"。最终结果是，在情人节当天，两家公司宣布实现战略合并。

从表面上看，滴滴和快的合并，似乎将会让中国互联网专车市场诞生一个从未有过的巨头，新公司在市场所占有的份额看上去也相当惊人，但真相其实并不这么简单。在合并之后，腾讯和阿里从战略投资者变身成为财务投资人，它们对公司的重要决策已经不再拥有否决权，但另一方面，这也意味着靠山的消失，原来那种靠输血烧钱的方法将会弱化。

更重要的是，滴滴和快的由于身处国内市场环境，面对着出行体验并不成熟的顾客群体，它们无法直接复制Uber模式，而是先选择进入已经成熟的普通打车市场，再进入专车市场。再加上烧钱式补贴这种恶性竞争，影响了其发展速度。另外，合并之后的滴滴出行，依然依赖微信支付，同样无法做到像Uber那样直接从信用卡扣款完成，乘客向司机所支付的费用，难以被认定为滴滴们的营业收入……这些都影响了它们在专车这一细分领域中的竞争能力。

当然，面对这些隐患，滴滴的一号人物程维、二号人物柳青女士，自然有所应对。

从阿里系支付宝部门成长起来的程维，创建滴滴产品的起因，和卡兰尼克几乎一模一样，那就是对传统出行领域的厌倦。2011年，程维老家亲戚来到北京，约定七点钟在王府井吃饭，结果五点半时亲戚们就打来电话说已经在打车了，直到八点，程维才等到了第二个电话，亲戚们询问程维是否可以去接他们。程维敏感地意识到，出行领域的问题很大，而最能解决这一难题的是移动互联网技术。尽管他的想法起初得到不少人支持，但并没有被普遍看好，当滴滴打车的早期版本被推荐给美团创始人王兴看后，得到的评价只有"垃圾"两个字。然而性格低调并不张扬的程维几经艰难，终于将滴滴提升到中国出行领域最大市场份额的位置。

即便如此，对于Uber的强劲攻势，程维从来不敢掉以轻心。为了和Uber竞争，他先后请教了柳传志、马化腾和马云，柳传志给的建议是："必须发挥本土优势，用游击战拖住它。"马云建议拖住Uber两年，等其自己出问题，马化腾则说应该正面对抗，直接打歼灭战。

最终，程维决定用闪电战对抗Uber对专车的高补贴，他迅速推出快车、顺风车和大巴车等服务来占领市场，这多少让人有些意想不到。另外，滴滴甚至还将战火延伸到大洋彼岸，在美国投资了打车领域后起之秀Lyft公司1亿美元。

能够和Uber进行正面对抗，程维少不了的左膀右臂是柳青。

巧合的是，与卡兰尼克、李彦宏、马化腾这些人一样，柳青自幼爱好计算机，她中学时的理想是成为程序员，受到比尔盖茨《未来之路》（*The Road Ahead*）一书的影响，1996年当她考入北大，选择的正是计算机系，毕业之后进入哈佛深造，她依然选择了这个专业。2002年，经历了18轮面试，柳青进入高盛亚洲，从最底层的分析师开始干起，每周工作100个小时，直到成为这家百年投行历史上最年轻的董事总经理，年薪超过千万。但出人意料的是，2014年，在事业巅峰时刻，柳青听从内心召唤，在多次打算投资滴滴未果的情况下，接受了滴滴创始人和CEO程维邀请，进入这家公司担任首席运营官。正是柳青的介入，才迅速帮助滴滴完成了F轮7亿美元的融资，更在第二年推动了22天内滴滴对快的暴风骤雨般的合并。

2015年4月，柳青被任命为公司总裁，负责公司日常运营管理。这一任命符合所有人的预期。因为程维和柳青的搭档堪称黄金组合，前者具有强大的深入一线的执行能力，而后者则具备资本市场里呼风唤雨的资源和开阔的视野。当然，柳青个人的付出也远不止降薪加盟和自我改变这两点，在业内被人所熟知的故事是，由于滴滴每天开会很晚，而柳青又要照顾小孩，于是每天晚上她九点下班回家哄孩子睡觉，十一点，团队会在她家楼下集中继续开会。

如此的努力带来了巨大回报。2015年10月，上海市交通委员会向滴滴快的专车平台颁发了网络约租车平台经营资格许可，这是国内第一张专车平台许可资质。在这一年，滴滴出行全平台，包括出租车、专车、快车、顺风车和代价、试驾、巴士等订单总量达到了14.3亿元。

这一切表明，雄心勃勃的卡兰尼克和他的Uber，在全球迅猛推进了五年之后，在中国遇到了强大的对手。卡兰尼克并不以此为虑，他相信Uber正是面对压力才能更加健康地成长。但与此同时，他也意识到，改变Uber中国，已经是迫在眉睫的事情。

UBER启示

让共享打破本土化瓶颈

当时间指针拨向2016年，市场中的每个人都清楚意识到，Uber在全世界风生水起的同时，却在中国遭遇到了从未有过的瓶颈。即便Uber将大量投资资金花费在中国市场营销上，也依然面对着以滴滴、神州为首的本土互联网出行和专车平台的竞争与对抗，并始终未能占据优势。

面对此情此景，人们不禁要问，相比之下，为何Uber在美国的发展是最为顺利的？而为何它在欧洲遭遇到的竞争压力又要小于亚洲？如果仅仅用文化圈的不同来加以解释，似乎并不足以令人完全信服。事实上，到2016年年初，中国互联网创业企业中已经宣告失败的共享经济商业模式案例可谓比比皆是：在出行领域有考拉班车、Cocar、爱拼车等，在餐饮模式有叫个外卖、烧饭饭、呆鹅早餐等，在社区领域则有叮咚小区、身边家政、社区001等，而更早死亡的案例则要追溯到2011年在北京完全照搬美国在线短租企业Airbnb的爱日租。另一方面，滴滴出行、小猪短租和途家这些企业发展得还算不错，但和Uber相比，它们现在更注重市场中专业资源的整合，距离打造共享平台的理想目标似乎有着不少距离。与国外住宿、服装等行业相比，甚至员工等项目相比，国内能够和国外共享经济相抗衡的行业更是寥寥无几。这一切都在说明，Uber在中国遭遇到的巨大竞争压力，主要并非来自其本身作为外国企业的背景，而在于中国共享经济发展土壤的不同，这种不同构成了任何企业打造成功共享经济商业模式的环境瓶颈。

那么，中国共享经济的发展究竟与国际有哪些差距？首先要明白的一点是共享经济需要建立充分健全的信任体制。目前国内个人信用体系不太健全，信用数据较为碎片化，虽然针对大中型企业征信服务的市场格局较为稳定，但针对个人征信服务和小微企业征信服务的市场并不成熟，这在相当高程度上制约了共享经济发展。而即便少量获准对个人提供征信服务的企业，也并没有拿出征信数据和其他企业分享，导致Uber这样的企业进入中国之后，也面临着不得不和手握大数据优势的滴滴进行竞争的局面，更不用说中国的创业公司了。

因此，当我们在中国谈论共享商业模式时，不能不重视信用信息缺失、平台运营牵涉多方利益的现实语境。共享经济不是简单地让所有者和使用者在同一个平台进行分享使用就可以成功，想要让分享流程走得更为流畅，就要让企业扩大项目范畴，纳入更多参与者，构建完整生态。

具体来说，可以在以下三个方面努力：

第一，要学会和征信方共享。

虽然2015年年初央行同意芝麻信用、腾讯征信等八家机构开展个人征信业务试点，但在个人征信的格式上和标准上都没有形成统一共识，每家不同的算法都来自本身经营的业务领域。因此，企业想要从共享经济发展中分一杯羹，就要学会和这些拥有个人征信牌照的机构进行合作，设法获得其手中数据，这将比企业通过自己的努力来为消费者画像和定义更为准确。

第二，积极同社会管理方共享。

无论是出行还是居住的共享，其商业模式的构建空间在于"空闲"价值的充分存在。例如普通上班族上班时间车位的闲置，普通中国家庭几乎总会有一两个房间长期闲置的情况，这些都提供了在中国企业中新的Uber的出现机会。但企业不应忽略的事实是，这些资产即便在闲置状态下，也受到了来自小区物业系统、安保系统的服务和保护，即便这种服务和保护往往并不令人满意。

创业企业不妨将社会资源体系中已经存在的管理方，作为共享平台的打造者之一纳入共享体验。让它们能够分享收益，同时承担相应的责任。这将在很大限度上提升平台上用户体验的安全性。

第三，明确特点，找准资源。

既然中国市场本身环境较为特殊，那么企业在共享经济领域进行创业之前，就必须要准确挖掘相对应的资源，从而降低创业成功难度。这需要从下面三个维度来对资源特点加以衡量：

首先是资源对个人而言是否足够充裕。只有当某种资源在特别充裕的情况下，人们才会认可该资源被闲置时而浪费的价值，这样，资源拥有者才能够意识到自己需要将之共享化以便获得回报。

其次是资源对社会而言是否足够稀缺。诸如汽车、住房等资源，依然在总量上处于稀缺状态，而其他资源也存在流动性稀缺和信息不对称等问题，这种情况在目前中国社会的城乡差别和贫富分化大环境中尤其明显。因此，不妨开发新的类似资源领域，建立共享商业模式。

另外，想要突破阻碍，还需要企业能用标准化眼光去看待和分析资源，或者要求资源本身已经有了严格标准化，或者由企业平台将标准化程度做高。这样，共享的流程和结果才能标准化，并做到对业务模式迅速复制，从而快速扩张。

第七章　应对风险，挑战隐忧

让改变发生

在广州和成都的调查事件刚刚平息不久之后，面对着滴滴的反击和政府的监管，卡兰尼克开始坐不住了。由于中国市场正在成为Uber最重要的业务范围，他下定决心要将更多的时间花费在这里。

2015年5月25日，贵阳机场一如往昔繁忙。身着格子衬衣、休闲裤、休闲鞋，背着双肩包的卡兰尼克，看上去只是个普通的外国游客。但当他走下飞机时，很快就被记者认出，当他接受采访时，开头的第一句话就是："中国和世界其他地方太不一样了。"

这一次，卡兰尼克的心态显然和一年前有所不同。2014年7月来与李彦宏签订战略合作协议时，是"春风得意马蹄疾"，而此时则更像"铁骑突出刀枪鸣"。专车市场和未来互联网出行市场的竞争，在这个国家已经到了白热化的程度，作为一手打造Uber的创始人，无论如何也无法在旧金山安坐下去。

5月27日，在没有对外公布的情况下，卡兰尼克身着一身黑色西装，刻意低调地出席了贵阳国际大数据产业博览会。这次会议的规格之高令人咂舌，李克强总理发来贺信，出席者有马云、马化腾、郭台铭、雷军和周鸿祎，而卡兰尼克在聆听了所有发言并演讲后匆匆离开。

在会后和媒体的简短交谈中，卡兰尼克坦承，自己发现中国的城市近年来所表现出的成长和进步，在全世界范围内都是最快的，同时，每个城市的政府官员都很关注什么才是对城市最好的，中国市场也非常关注城市本身的发展。中国政府和市场对城市发展的关注程度超过自己所到过的任何地方，这让卡兰尼克感到乐观。

他解释说，Uber进入中国，正是为了顺应这样的发展，向城市人群提供更多选择。就像如果每个城市提供的快餐只有麦当劳，而突然有人进入市场提供其他餐厅，这个后起之秀必然会得到较快的增长。为此，Uber必须采取补贴的方式，继续维持这样的增长速度。

说完这些，卡兰尼克话锋一转，强调如果行业发展到一定程度，补贴也会减少，因为用户的消费习惯已经形成，市场整体也会随之不断发展壮大，司机收入会自然增加。同样，Uber还愿意与地方政府进行合作，解决目前存在的任何安全问题，克服监管层发现的隐患和顾虑，形成良好的法规政策和监管机制。

一言以蔽之，卡兰尼克这次的中国之行，是来示好的，也是来宣布转变的。只要排除擅长营销的卡兰尼克话中那些"场面话"成分，就能发现，他已经意识到Uber中国的确到了做出抉择的时候。

2015年中的一次调查显示，Uber中国用户的使用率远远超过了美国，但Uber也面临着种种挑战。首先是有腾讯和阿里巴巴联手投资的滴滴快的，其次则是监管和法律层面有可能出现的风险。因此，无论是Uber总部，还是优步中国，都必须要面对现实做出改变。一方面，是继续在中国市场不断烧钱、抢占市场；另一方面，现实又需要它们积极寻找中国的投资者进行筹资，并争取未来上市。这样的要求显然超过了Uber在全世界其他地方提出的任务，因此，卡兰尼克深知，中国市场的开拓，除了补贴之外，还需要采取不同的方式。

卡兰尼克是这样想的，并很快影响到公司的整体决策。

首先是成立合法化公司的问题。众所周知，除了在美国，在全世界其他城市，Uber都并不会成立独立分公司。但在中国则必须不一样。

事实上，早在2013年9月，Uber就在上海自由贸易试验区工商分局进行了登记注册。其注册名为"御驾（上海）网络技术服务有限公司"，法定代表人是Uber的全球运营负责人Ryan Allan Graves，企业性质为外国法人独资，注册资本6300万元人民币，经营范围是"提供与网络和软件相关的技术和咨询服务；商务信息咨询；市场营销策划"。

为了适应中国市场，2015年10月，优步中国正式进驻上海自由贸易试验区，成为在美国之外的唯一一家独立公司。这家新成立的公司名称是上海雾博信息技术有限公司，注册资本金为21亿人民币，股东方为Uber香港有限公司。新的雾博信息技术有限公司通过VIE（Variable Interest Entities，可变利益实体，简称VIE）协议，控制吾步（上海）软件科技有限公司，运营Uber的中国业务。

和之前的御驾（上海）公司相比，优步中国由外国法人独资身份，转变成为港澳台法人独资身份，最直接的好处，自然是Uber从此可以在中国具备申请网络专车经营资格。同时，交通部推出的《网络预约出租汽车经营服务管理暂行办法》中，有对外商投资的相关规定，即要求任何与业务相关的数据和信息，必须要在中国境内存储、传输和管理，而不得跨境传输和使用。这个规定对之前的御驾（上海）公司是个障碍，对上海雾博信息技术有限公司则不成问题。

总而言之，看似只是新成立一家公司，却有着更深层次的含义：优步中国的所有业务已经在中国境内服务器上运行，整个优步中国成了一家由中国人运营管理、中国资本参与、配合中国政府管理并服务中国百姓出行的本土化企业。

从随后的优步中国融资材料显示，它确实采用完全独立的互联网公司架构，不论是服务器还是运营数据，都保留在中国境内，经营管理方面也在尝试本土化：优步中国单独核算，单独融资，并有可能单独上市。因此，优步中国无疑希望成为一家本土团队运营、本土资本参与、本国政府监管下为本国老百姓服务的企业。许多优步中国的员工并不认同自己是一家"外企"的员工，相反，他们更愿意带有创业的心理，带着主人翁的感情来加入优步中国。

从御驾到雾博，优步中国花费了两年多的时间，这样的过程或许与其自身成长经历相比并不显高效。但无论如何，它力求变身成为真正的中国企业。正如马化腾曾经在一次演讲中对Uber和滴滴的描述那样，他将两家企业分别比作强龙和地头蛇，并笃定地说，类似的竞争将无一例外会是地头蛇取胜。卡兰尼克也同样明白中国的现实，在公司主体变更的过程中，体现出Uber希图变身成为地头蛇的努力，但这是之前任何一家外资企业在这个东方古国都没有做到的，是否能成功，市场将会对优步中国提出严峻考验。

但在此之前，优步中国还需要解决更多的现实问题，这些问题无一不伴随着中国普通人最关心的关键主题：金钱。

刷刷刷，诚信的考验

一切隔阂都来自文化的隔阂。

卡兰尼克经历过大风大浪，能够在硅谷创业三次最终到今天成功的地步，这样的人即使在全世界也少有。然而，面对拥有十几亿人口、数千年历史的中国，他依然有许多看不懂的地方。这也注定了带着美国文化基因的Uber，会在东方文化面前多少有着天然的生疏感。

2014年，卡兰尼克第一次来到中国时，曾经和滴滴创始人程维共同参加央视的一场对话节目，但整个节目中两个人几乎难以找到什么共同语言。卡兰尼克表示出对中国市场很大的不理解，他不懂为什么会出现用户的爽约现象，也认为用户下车之后并不需要知道花了多少钱，因为在美国，大家都习惯过段时间收到信用卡账单，从中了解自己的消费情况。卡兰尼克甚至问程维，中国人究竟为什么喜欢语音叫车。

但是，在经历了两年中国市场的"熏陶"之后，卡兰尼克对中国的了解已今非昔比。但血液里的基因，并不容易改变。优步中国虽然有了本土化的运营团队和来自中国的资本，随后还将成立中国分公司，但在迅速扩张的同时，不可避免地由于文化隔阂，导致碰上了在其他国家未曾遇到过的新问题——刷单。

或许刷单文化，已经成为中国市井文化遇到互联网商业模式后形成的奇特景象。又或许正如经济学家所言，刷单动力，是理性经济人在几乎不被法律涉及的领域内，难以抑制的获利冲动。总之，刷单这件看似不大的事情，几乎伴随打车软件在中国的出现而出现，从Uber进入中国的第一天开始，它就如鬼魅般附身市场，从未停止。

2015年，上海市一个晴朗的夏夜。一位Uber车主完成了一单任务，他将乘客从浦东机场送到了宝山区，然后找到个僻静的街角停好车，关上空调，摇下车窗，点燃了一支烟。此时，已经是夜里十一点，手机上的Uber司机端始终没有新消息响起，这代表他今晚的兼职工作基本结束，大概要开空车回家了。

但他怎么可能空车回家？每一行都有自己的潜规则，就像有部电影里说的那样"小孩子才分对错，大人只看利弊"，在这个时代，人人都可能对此深有体会。于是司机扔掉烟头，滑动手机屏幕上的QQ，然后在一个叫"Uber刷单"的群里发送了条语音消息："还有护士没休息吗？病人求扎针。"

这是只有优步中国用户才能听懂的话语。乘客们在客户端使用针头来定位自身位置，看起来就像扎针，于是辅助司机们刷单的兼职人员被称为"护士"，而等待"护士"的司机们自然就叫"病人"。很快，群内有"护士"发起了回应，司机继续用语音告诉了他自己在宝山区的位置，"护士"立刻发起了订单。很快，车主收到了订单，他点下了接受任务，然后放心地将手机从支架上取下，放入包中，开着并无乘客的车子回家。他知道，等到家后，手机上的行程也结束了，他将会通过支付宝把车费返还给"护士"，再加上一点点报酬，而自己也小赚了一笔Uber给予的补贴和奖励。

就这样，Uber刷单行为又在苍茫如大海的市场上掀起了小浪花。而这样的刷单行为，其实只是Uber司机们最初级的刷单行为。相比于其他互联网叫车公司，优步中国在2014年开始因为其高补贴和高奖励，吸引了众多刷单司机和刷单"护士"的注意。这也不难理解，轻松通过刷单就能日进数百元，这样的性价比，显然比起忙碌开车获得奖励要更有"效率"。

优步中国难道不清楚刷单的现象开始泛滥吗？但此时显然已经有点晚了。Uber一开始并没有考虑到中国特殊的市场环境，结果从此时开始，公司虽然知道有不少司机忙于刷单，却不能因噎废食取消补贴与奖励。毕竟中国这块蛋糕太大，即使每天面临刷单带来的资金流失，也成为不得不承受的成本。

警报，融资与亏损

2015年7月，一条不太被普通公众所注意到的行业新闻，引起了许多专业投资人的注意。记者用冷冰冰的文字陈述道，在一封Uber总部向中国散户投资者兜售F轮融资的文件中，Uber宣布计划在一年内上市，并向投资人提供优先股。在成功上市之后，可以按照协议约定，将优先股转化成投资标的Class A的普通股股份，等锁定期结束，投资人就能够在美股二级市场加以出售。另外，文件中还宣称，这次F轮融资吸引了众多国内外知名机构，包括美国的JP Morgan、欧洲Bertelsmann、中国投资公司、高瓴资本以及中国平安等都参与了投资。而优步中国要在中国单独上市的消息，看上去也更能够让散户投资者产生信心。

这条行业新闻没有多久，剧情就迅速发生逆转：

中国平安表示，集团并未有对Uber的任何投资行为。而对于消息中"优步中国的上市计划"，稍微了解内情的人都能看出破绽，因为无论是在A股还是H股上市，都要求公司必须具备盈利能力，而优步中国此时显然还处于烧钱状态中，短期内看不到任何盈利迹象，唯一能够接受这种亏损公司上市的只有新三板，但新三板绝大多数都是机构买卖，散户投资之后，也会陷入有价无市的境地。

由此，有人指出了优步中国在亏损、融资和上市之间所产生的悖论：为了合法的公司身份，必须要成立优步中国公司来更加高效地烧钱，烧钱则需要融资，融资则又要用"中国平安投资"这样的消息来提振投资者信心，同时辅之以上市的传言。但烧钱阶段的状态，又导致实际上不可能上市、融资破灭的可能。

无论那条"Uber全球F轮融资"的新闻有多高程度的真实性，但上述悖论中体现出的矛盾是确实存在的。更不用说，Uber在中国市场的最大对手滴滴快的，在2015年7月初又一口气获得了20亿美元的新一轮融资，总共获得了超过35亿美元的现金储备。

现代商业竞争，不仅是模式和产品的比拼，更是资本力量的厮杀。如何获得新的融资，打开中国市场局面，并借此进一步扩大Uber全球的表现，已经成为放在卡兰尼克面前亟待破解的难题。他该如何行动？

首先，卡兰尼克必须出"人"。他将2015年将近五分之一的时间都花在中国，全年他共有75天待在这个国家不同的城市，忙于和政府官员、资本力量和相关行业交流沟通。他所要做的重要事情，就是找到融资和亏损之间的平衡点，为优步中国注入更多新鲜血液，确保其在资本厮杀中不断获取更多强有力的手牌。

为了吸引投资者，卡兰尼克还必须出"钱"。2015年，Uber在中国的每日补贴高达数千万，全年在中国的亏损原本预计达到11亿美元，而中国优步则烧掉了15亿美元，这一项已经超过了原有计划。为此，卡兰尼克频繁从Uber全球调动资金投入中国，从2015年3月起，Uber全球就对中国优步施加援手，通过提供类似股东债的方式进行输血烧钱。当然，Uber全球也并非无法收回这些投资，未来优步中国或者将这10亿美元左右的投资还给Uber全球，或者让Uber全球在中国优步内占有相应的股份。

当然，解决问题的最大方法，还是要依赖于中国优步自身融资的成功。与百度的合作，成功地为中国优步打开了本土化的大门，现在该轮到卡兰尼克为中国优步设计本土融资的方案，并找到相应投资人的时候了。

融资节奏紧锣密鼓地加快了。

8月28日，在传言被推翻之后仅一个多月，优步中国公司提前完成了首轮10亿美元融资，公司估值达到70亿美元。参与此轮融资的包括高瓴资本、百度公司、中信银行、中国人寿保险公司与中国平安保险股份有限公司等。

首轮融资结束之后，B轮融资又迅速开展。经过将近三个月的努力，到2015年11月底，Uber中国战略负责人柳甄宣布B轮融资接近完成。但随后的事实证明，B轮融资依然在继续，一份上海船山资本优步共享基金的文件显示，从2014年12月5日开始，该基金开始募资并将专项投资于Uber全球和优步中国。

到2016年1月11日，B轮融资的真实情况终于浮出水面。这一天，在和海航集团的战略合作发布会上，卡兰尼克出现在现场，并向媒体公布了B轮投资方的名单，其中包括海航集团有限公司、中信证券股份有限公司、中国太平保险集团有限责任公司、中国人寿保险（集团）公司及广州汽车集团股份有限公司（简称广汽集团）。除此之外，卡兰尼克还略显神秘地说道："中国的投资者名单很长，但很多投资者个人比较低调，因此不愿意透露。"没过几天之后，就有媒体继续"补充发言"，并披露了其他投资者还包括百度、万科企业股份有限公司（简称万科集团）、中国民生银行和中国宽带产业基金。其中，百度公司作为Uber的老朋友，参与了中国优步先后两轮融资，并为Uber站台，宣布中国优步已经获得了国内投资者将近20亿美元的投资。

如果仔细分析这些投资人，会发现优步中国从他们手中拿到的不仅仅是美元，更有战略高度的合作前景。

在卡兰尼克发布的这些公开投资人名单中，海航和广汽为产业资本出身，因此它们除了财务投资，还选择了战略合作。其中广汽集团投资1亿美元，与Uber的合作包括汽车销售、服务和金融等领域，其中最被看重的则是电动车购买和二手车交易平台。由于电动车将是出行公司未来业务的重头领域，滴滴快的的融资对象中也有北汽集团这样的主打电动车合作的企业，不难想象Uber和广汽的合作正是对此给出的应对。

此外，海航集团的投资则是利用天津自贸区中心商务区平台，以自贸区境外直接投资备案的方式，入股了优步中国，其投资金额在2亿美元左右。当然，这2亿美元并不能代表海航在Uber中的重要性，因为海航不仅是优步中国的重要股东，更是和Uber全球也有着相当的资本关系，因为该集团曾经购买过Uber全球的可转换债券。海航总裁谭向东当天表示，之所以选择Uber合作，而不是滴滴，更重要在于其全球化的服务。由于海航17万员工中有7万多人在境外，其1500亿美元的资产中600亿也在境外，因此海航更需要和Uber这样覆盖6大洲、67个国家和360多个城市的全球化公司联手，让双方的服务和用户都能够做到更大限度的扩展和衔接。

例如，在双方形成有效合作后，Uber方面将能获得更多的流量导入。海航会在其手机应用中直接装入呼叫Uber的服务，而Uber则能够为海航旗下的4亿用户提供更为方便的出行、接送机服务。另外，海航所收购的Swissport机场服务公司，还会为Uber在全世界范围内开辟机场专属等候区，这对Uber来说是业务范围的重要扩大，因为此前它在美国并没有得到机场载客的许可，倒是其竞争对手Lyft公司率先获得了机场特许准入牌照。而Swissport在机场地面的服务已经覆盖了全世界49个国家、172个机场和700万高端客户，显然很好地弥补了Uber业务的一大空白。

除了上述合作之外，Uber和海航还进行了金融与租赁层面的战略合作。金融方面，包括专车互联网金融平台和有关保险的险种开发，以及支付和理财产品等其他金融业务方面。汽车租赁，则是Uber全球的重点业务，能够给海航的发展带来更多空间。

无论细节如何，优步中国的好消息终于就此到来。卡兰尼克宣布，B轮融资的12亿美元目标已经超额完成，由于还有投资方在等待入场，因此接下来的融资会将规模朝25亿美元上调。

由于优步中国对优步全球意义重大，中国将是公司未来发展的关键所在，因此卡兰尼克将融资的重点放在这里并不奇怪。虽然首轮融资和B轮融资都可以用圆满来形容，但未来，优步中国的融资道路依然很长。Uber将面对并去解决诸多融资障碍问题，首当其冲是优步中国的亏损问题，自从2015年6月启动融资以来，种种负面传言时有出现，无须怀疑，其中必然存在竞争对手动用网络宣传力量的打压因素，但优步中国自身目前的表现的确有其存在争议的地方，主要集中在"是否具备自身造血能力"和"究竟花费多少补贴"两大方面。用滴滴副总裁陶然的话来说，优步中国在2015年的总收入不到8亿美元，但花费的补贴却有15亿左右，不仅导致入不敷出，还让Uber全球在中国市场花费了全球60%的开销。

此外，优步中国的估值是否能达到70亿美元，政策层面的限制，司机端的刷单行为如何加以遏制，等等，都是Uber在寻求更多投资之前需要解决的问题。这样的现实说明，在顺利完成两轮融资之后，卡兰尼克和目前仍然在他直接领导下的优步中国，需要振奋精神，继续实现真正的本土化，从"优步的中国团队"，变身成为"中国的优步公司"。

从"优步中国"到"中国优步"

卡兰尼克说过这样一句话："我可能需要申请中国国籍。"虽然这只是玩笑，却深刻地反映了他对优步中国内涵本土化的盼望。

自从进入中国之后，Uber从来就不想有意识地顶着"外资企业"的光环。从宏观上来看，今日中国早就不是从政策到氛围都倾向于外资的环境；从微观上来看，互联网与出行的对接，更需要对企业所服务的个体顾客，加以体验层面的关怀，而并非单纯在于企业本身的血统来源。

值得注意的是，卡兰尼克对本土化的期盼，同样也是美国互联网企业在华发展的焦虑所在。想要进入中国市场其实并不难，但在这里立足发展，却绝非易事。

在科技领域，美国公司在中国取得了不小成绩，无论是微软、苹果还是高通、思科，以及IBM、EMC（易安信）、Oracle（甲骨文）等等，本土化进展都很顺利。但在互联网业务市场上，Google、Facebook、Amazon、WhatsApp这些优秀的美国互联网业务，在中国或者发展不顺利，或者根本无法进入，曾经进入中国的MSN、Yahoo、eBay等公司，也纷纷失望而归。显而易见的是，在全世界这两个最大的互联网市场之间，始终存在着不易跨越的鸿沟：在美国，传统行业高度发达，互联网想要颠覆不易，即使渗透进入都需要付出巨大努力；但在中国，传统行业本身就比较低效，又大都是资源和人口密集型产业，互联网很容易产生巨大颠覆力量。由于市场的不同，互联网企业从美国来到中国，水土不服往往成了必然结果。即使有着"战略合作"的形式，例如MSN和新浪、腾讯和Groupon、奇虎360和Line等等，最后都并未真正做到资源与资本的充分合作，因此也很难谈得上成功。

站在前人失败的经验基础上，卡兰尼克为Uber的本土化设计了不同的道路。他选择百度作为本土化开端的合作伙伴，双方都是以技术驱动的公司，百度可以给Uber提供充分的地图数据和智能算法，而Uber也会在无人车、智能物流等方面给予百度所需要的资源。最重要的是，在双方签署的战略合作协议中，尤其强调合作目标并非为了Uber进入中国，而是要共同拓展已有的海外市场，也没有提出"拓展中国用车市场"，而是提出了"拓展中国O2O服务"这样更宽泛的概念，这无异于从更大限度上将双方利益的捆绑推向更高格局。

具体来看，Uber最初进入中国时，没有专门面对中国的地图服务，也没有支付工具和服务流量，相比之下，滴滴有腾讯地图和微信支付，而合并之前的快的也有高德地图和支付宝，因此Uber果断通过百度，选择获得百度地图和百度钱包作为本土化的跳板。事实上，百度地图在市场中的份额高达70%，每天有数亿中国人使用，是Uber重要的链接服务的入口，而百度钱包自然也是实现O2O服务闭环的重要步骤。另外，通过百度相关的大数据服务，Uber的物流等服务也将获得强大的数据支持。

有了与百度之间战略合作的成功，优步中国得到了变身中国企业的勇气和信心。随后，新的步骤更体现出了其深入本土化的决心——开放API接口。

2015年9月25日，Uber宣布在中国市场对所有软件开发者全面开放本产品的API（Application Programming Interface，应用程序编程接口，简称API）。通过开放API，中国的开发者、工程师、设计员们就能打造出专门的定制版应用，服务于不同的小众人群。

消息传出之后，最先和优步中国合作的公司包括百度、穷游网和渡鸦科技等企业表示，它们将会直接在其手机应用中集成Uber叫车服务，用户不需要离开现有的应用，就能够直接向Uber软件发送叫车需求和目的地位置，不用打开Uber App，也能完成叫车服务。例如，在穷游网介入Uber的API之后，用户就能在全世界61个国家、339个城市中，直接叫车到附近的酒店、景点、餐馆等处消费；渡鸦科技开发的人机交互系统，也将同样介入Uber的API接口。

到11月份，中国优步又和阿里集团旗下的移动办公平台钉钉形成了战略合作，钉钉将优步中国列入认证企业客户，并对其开放了API接口加以共享。无疑，优步在开放API之后，又和这种平台类企业进行合作，更大范围地在自己和更多本土企业之间建立了合作关系，把优步的名字和中国市场捆得更紧。

在此之前，Uber API在美国市场已经小范围地开放，美联航、凯悦酒店、Starbucks（星巴克）以及Tripadvisor（猫途鹰）、Opentable、*TimeOut*等，都已经在其各自的移动App中集成了Uber出行服务。在中国开放API接口，可以看作是卡兰尼克主导的迅速跟跑行动，表达了Uber想要本土化的强烈需求。

正因如此，在优步中国团队看来，最初API的开放范围并不大，也只是小范围的尝试，伴随时间的推移，还应该有更加全面的融入。当柳甄在宣布开放API之后，用一段热情的话表示了这样的态度："我们刚刚打开了Uber的API，所有的接口完全是开放共享的，任何一个App，包括'58同城'，或者'饿了吗'、'美团'等等，所有这些App都可能介入，我们会提供一个端口给它们打Uber专车，这就是我们心目中的生态圈。"

通过开放API，Uber希望中国市场上任何应用都可以引入用车场景，而优步中国则希望自己在其中成为最重要的选择。如果这样的计划得以成功，那么Uber就能借此打开中国互联网生活圈的大门，借此建立起围绕不同开发商、程序的出行生态，通过提供用户流量，进一步促进整个服务链上下的互动和依存。这样，优步中国也会因此被更多中国本土用户群体所认可。

2015年年底，优步中国已经在资本市场和生态圈建设两大领域全面出击，积极希望成为中国本土企业。而在实体方面，卡兰尼克依然在谋划新的融入步骤，其中最重要的是将在广州设立华南运营总部。

按照Uber在11月份公开的数据显示，此时，广州是全球有Uber的350多个城市中，订单量最大的城市。这无疑引起了卡兰尼克和优步中国的注意，作为一个经验充足的旅行者，卡兰尼克早就相信一个城市的文化决定了一个城市的商业模式特点，广州有着开放的文化氛围，敢于尝试新生事物，这里理应成为Uber版图上更加重要的地理位置。但之前优步中国已经在上海自贸区设立了公司，加上广州监管部门曾经做出的监管行为，多多少少让Uber一度错过了这个城市，作为补救措施，柳甄将Uber计划在广州设立华南运营总部的建议公开传递给广州媒体。她宣布优步中国非常重视广州，因为每个城市之间的区别都很大，如果想要服务好一个城市，就必须要扎根在这个城市，广州值得深入扎根，这里不仅要有分公司，还会成为未来的独立公司，并成为优步中国的华南运营总部。正如柳甄总结所说，最重要的是："Uber应该在广州成为共享经济的代表和移动互联网的代表，并激发城市的管理者和参与者，共同培育这样的土壤。"

似乎是为了表明决心，在柳甄发表这次谈话之后没多久，2015年11月，优步中国团队更名为中国优步，这样的改名并没有体现出什么实际用途，但其背后的含义不言自明。这家诞生于北美的企业，真正迈入中国文化圈的脚步越来越急迫，而最终的结果，必然会决定它未来的发展命运。

万科，新盟友新希望

2016年1月15日，房产巨头万科集团，突然和Uber联系到了一起。这一天，在每年一度的极客公园创新大会上，卡兰尼克郑重宣布优步北京乘客尊享计划正式启动，首位成为优步北京尊享铂金卡用户的，正是万科集团董事长王石。

随着时间的推移，一切该浮出水面的事实终究会面向世人。不久之后，一份来自某投行的资料"意外"地出现在互联网上，资料显示，除了此前已经公布的海航集团、广汽集团之外，包括万科、民生银行和中国人寿等七家公司在内，也都成为Uber在中国的投资者，这些企业有的投资给Uber，有的只投资给优步中国，但无一例外，它们都看好卡兰尼克的下一步战略计划发展。此时，业界才明白为什么卡兰尼克会选择王石成为其尊享乘客计划的"代言人"。

对于许多并没有真正理解两家企业之间共同点的人来说，万科出现在Uber投资者行列中，既显得意外，但仔细思考又令人信服。言其意外，是因为两家重量级的企业联姻事实，之前保密得太好，而令人信服的原因，则更多来自万科老总王石一直以来对Uber模式表示出的欣赏之意。

2015年8月，在国内哈佛深潜班的最后一次分享中，王石和学员们的互动紧密而充满了创新意味，在探讨中，他似乎有意无意地说出这样的主题："大家想一想，哪个绿色行动能比Uber的概念更大，效果更好？Uber完全应该获得一次诺贝尔和平奖！"

这已经不是王石第一次在公众场合表现出对Uber模式的赞赏态度。之前，他就公开承认，自己通过对Uber的研究，得到了很多关于商业模式理念上的刺激，即使近在咫尺的阿里巴巴和腾讯，带来的冲击力也不如Uber。这不仅是Uber令人惊异的扩张速度，更在于其包含了阻止全球变暖思维在内的颠覆式创新理念，其中表现出对用户存量的激活能力，提供的强大后台支持能力，在诸多领域内独自打造不同的生态系统，等等，都是中国商业模式发展所欠缺的有效思考方式。王石坦率承认，自己感受到优步的思维能够积极有效地开发自己的想象力，这甚至会让他想到兴奋之时难以成眠。

经过最初的思想冲击之后，王石发现，Uber所包含的创业和运营思维，对于丰富万科下一步的发展可能，具有可以直接"拿来"的实际操作可能性。已经成长了30年的万科，在这个经济发展模式正在改变的年代中，急需的是能够打开转型大门的钥匙，而卡兰尼克已经找到了这把钥匙。

王石是个内心强大而执行力卓越的企业管理者，从创业以来，他以其充满个性而低调的姿态，引领着万科逐渐壮大。一旦认准了Uber模式的可贵之处，他立刻着手在企业内部先行进行种种Uber化的尝试革新。而优步中国则理所当然从这种革新中发现了合作机会，并迅速将之变成能够提升己方利益的机会。

2015年8月18日，优步中国与万科在广州万豪酒店举行了新闻发布会，宣布在选定的万科住宅区设立了上下车站点，这些站点被称为Uber Station，用户只需要走到楼下，就能够享受快捷叫车服务。在广州万科的东荟城、峰境、四季花城等多个地产项目中，率先安装了数量不同的Uber Station站点，而更多的万科项目还将全面安装类似站点。当这些项目的万科业主走到上下车点之后，司机就能迅速找到他们。Uber司机可以通过手机App端获得的提示信息，提前熟悉不同地域、不同小区的上下车点位置，从而提升服务质量。相应地，乘客通过万科物业所开发的"住这儿"App和"邻居"微信平台，也能得到优步优惠码。

随后，优步中国在其他城市和万科也围绕Uber Station等项目，进行了一系列的营销合作：

2015年11月，优步联合万科在深圳举办了Uber Station的新闻发布会，宣布在深圳也将出现首批将近50个Uber Station，其分布点包括住宅小区、办公楼和商圈等等，包含了城市生活中的不同场景；

2015年12月，东北首批Uber Station在大连万科社区落户；

2016年元月，南京万科翡翠公园举行了发布会，宣布这里将要建立南京的首个Uber Station……

虽然类似的合作项目看起来只是将各自产品加以对接，但优步中国从中获得的不仅有来自万科的投资，更得到了其进驻中国超过60个大城市并服务近两百万业主的营销范围，这对于优步中国的意义就不再只是限于营销，而是能够更进一步激发优步所面对的市场潜力。

在王石看来，和Uber的这种合作，也能够更大限度上为业主提供多元化的服务，满足他们各方面的需求，进而实现万科未来的计划。通过Uber所提供的共享经济工具，他希望万科能够领先于房产企业的其他竞争对手，率先完成转型。这种转型不仅可以是房产加叫车的"硬件组合"，也可以是理念与过程的改变，而后者集中体现在2015年9月万科"设计公社"的亮相上。

9月19日，万科的"设计公社"正式开始运营，建筑设计师们为此感到兴奋，因为"公社"不仅为他们提供了工作的物理空间，还有着Uber式样的平台与服务。首先，在万科提供的设计公社中，参与者只需要占有属于自身的最核心办公空间，前台、会议室、储藏，甚至是工作人员都可以用Uber的形式进行共享；其次，万科学习Uber，借助互联网和移动设备，将人、空间、项目相互联结，设计资源的寻找过程在这种情况下从封闭走向开放，因此竞争更加公平，合作也更加高效。

通过互联网平台的打造和全面开放，建筑设计需求实现了一定程度上的"一键服务"，这大大节约了市场中不同需求相互寻找与沟通的时间。以某个建筑设计方案为例子，在五年前，万科需要动用上百号人和四个多月的时间才能确定设计方案，而在互联网共享平台上，几乎只需要十多个人和更短时间就能得到同样的结果。

事实上，这个项目只是"万科云"产业地产的一个分支，万科希望能够对自身的地产产业需求进行分解，并让所有聚集在自身云平台上的企业，都能够在线接受万科所发送出的订单。

虽然优步中国并没有直接进入万科的建筑设计、物业管理等"万科云"的项目打造，但在万科高高举起Uber化的大旗之时，除了表面上的理念认同和转型需求，谁又能说得清后台资本运作所带来两家企业的真实联系？但有一点毫无疑问，那就是未来如果优步中国借由万科之手，走上打造共享型地产、社区乃至智慧共享城市的商业模式，那么今天双方的合作，就是精心埋下的最好伏笔。

有意思的是，王石并不是唯一如此看好和支持Uber的房地产大享。早在2015年6月，SOHO中国董事长潘石屹也同样以旗下的SOHO3Q项目和优步中国展开品牌战略合作。Uber获得了首个享受SOHO3Q定制办公空间服务的租户，入驻外滩SOHO3Q，同时，Uber也将为SOHO3Q的所有办公用户，提供更加快捷的出行条件。而为了展现和SOHO3Q跨界合作的诚意，优步中国特地为其在上海和北京两地的办公用户，提供了50元的新用户首次乘车优惠，并以此实现对其办公用户的精准抓取和开掘。

联想到这样的合作，再看万科与Uber的紧密联系，一切不言自明。曾经贵为社会经济发展支柱、带有强烈传统意味的中国房地产行业，在经济发展的形势下，不得不正视以互联网作为起跑线的新商业模式，而其中最具实力者，已然伸手拥抱以Uber为代表的开放共享经济模式。这正是万科和Uber成为盟友的基础，也预示着优步中国所面对的资本市场和商业领域，正萌发出新的希望。

UBER启示

提前一步，积极面对问题

　　Uber所遭遇到的刷单诚信危机，只是共享经济模式所需要面对问题中的典型代表。事实上，无论哪个行业的共享模式，无论是在国外还是国内，选择共享经济都意味面临不同程度的风险。这些风险不仅来自监管方和传统行业，也来自共享经济模式内部的既有矛盾，是否能够向前一步进行判断和选择，做到防范风险，决定了企业是否能够在共享经济大潮中顺利游到彼岸，成就想要的辉煌。

　　从历史的角度来看，Uber所代表的共享经济模式，目前远非完美，依然处于发展的初期。虽然Uber模式能够冲破传统行业的种种限制，降低地域依赖，利用时间差来对资源进行新的分配，并促使相关者在其中寻找最适合自身的工作和生活方式，但如果近距离观察，还是能发现这种经济模式从萌芽时期就存在的多种矛盾：

　　首先，共享经济商业模式存在难以标准化衡量的问题。在这种经济模式下，平台上的卖家或服务者提供的商品或服务很有可能无法标准化，例如短租平台上不同环境、不同时间段的房间，Uber的峰谷定价权，或上门家政服务的工作效果，等等，这在很大限度上打破了传统商业模式所确定的标准化商品机制，也改变了社会化大生产中精确分工职责、明确衡量业绩的工作规则，同时，还将用户对服务提供者进行评价的机制进行了最大化改变，以双方互相评价系统取而代之。在如此多维度、多方向的革新意图之上，如何具体对平台上的每一项服务、每一个产品进行管理、营销，考验着共享经济企业的能力。其中用户非标准性利益需求如何满足，也更是在考验企业整合资源、提供服务、打造模式的能力。虽然Uber这样的企业已经表现出强大的平台管理能力，但必须承认的事实是，正因难以标准化来保证服务质量，难以进行准确科学评价来保证管理水平，等等，不少在共享经济旗帜号召下产生的创业行为功亏一篑，遭遇失败。

其次，共享经济商业模式需要对组织进行解构，同时又需要对平台加以建构，这两者之间必然存在矛盾。一方面，共享经济需要从业者在一定程度上脱离原有的固定行业渠道，另一方面，又需要他们形成新的平台，并尽量在品牌文化、行为理念趋向一致的基础上，成为能发挥社会影响的人群联合体。例如Uber从一开始就不断鼓励出租车司机离开公司，加入Uber的平台，然而，不得不正视的问题是，许多专车司机和出租车司机并未和Uber签署正式的劳务协议，并不存在直接雇佣的关系，这意味着他们在新的平台上无法获得旧有的稳定性。如果说在美国，这样的稳定性缺乏并不是大问题，那么在中国就成了限制出租车司机为Uber工作的巨大障碍。而在其他类似的平台上，也会导致服务人员更容易产生流动现象，不少高频服务业的共享经济平台上，还会很容易出现服务者和顾客绕开平台单独交易的问题，或者由此带来服务质量的下降和平台难以管理等隐患。

最后，共享经济模式取得成功的必要前提，在于能够为平台上的用户和服务者都提供充分的安全感。然而，目前大部分国家的法律都没有建立明确的制度体系保护共享经济行为，作为企业本身对平台的监管力度也存在不小的局限性。因此，共享经济企业需要花费更多精力打造行业规范，确保供求双方的安全利益。鉴于目前缺乏充分的监管保障，共享经济企业有必要自主建立充分有效执行的信任和惩罚体系，并在此基础上严格审查机制，并加以严厉监管，以市场运营中利润的导向来解决服务者和使用者之间信任缺失的问题。

正因为这些问题依然在解决过程中，因此，当创业企业想要进入共享经济体系中时，必须做好两方面的应对准备来防范风险。

第一，以弱中心化混合模式应对。

共享经济的发展初期，曾经以B2C（企业对消费者）模式为主。以Uber、Airbnb为代表的创业企业崛起后，用C2C（消费者点对点）模式取得了成功。在C2C模式中，企业能够顺利建立诸多优势，例如能够有效去中心化，做到低成本、轻资产的灵活发展，并能够做到用非标准化的服务去满足非标准化的需求，等等。然而，这种C2C模式不仅难以完全适合中国市场目前现状，也已经暴露出其中某些必然风险，例如供应端分散，质量参差不齐，难以进行规范和约束，等等。

在这种情况下，中国企业可以考虑在模式上进行适度改造，即将C2C和B2C的优势进行混合。利用前者吸收更多闲置资源，进而扩大规模，再利用后者来确保整个平台的稳定性，增强企业核心竞争能力。例如可以根据实际，对不同客户提供不同的细分群体，也可以按照市场情况，根据时间和空间特点不同来确保产品或服务的供应。这样，企业就能够同时具备灵活性和控制性，从而避免种种因为监管控制不力而造成的问题。

第二，以线上线下资源平衡来应对。

目前，共享经济企业大多采用线上预约或交易，线下实际服务，线上线下相互结合的运营模式。然而，如果企业只是希望充当平台构建者的角色，希望在整合资源完毕后安然当好交易中介，就会导致对于线下实体产品和服务的掌控力度不足，使得线下问题丛生。因此，共享经济企业想要避免竞争力被线下的现实所拖垮，就要主动增强信息的即时交流和反馈速度，增强平台上相关交易行为的透明性，以线上资源反过来规范约束线下资源。

在这方面，Uber也从无到有开发出了解决方法。例如印度Uber就提供了一键报警的功能，一旦客户遇到紧急状况，只需要在手机上触动屏幕就能将实名登记资料的所有内容，包括姓名、照片、驾照号码、车子所在地等全部传送给当地警方。另外，他们还提供给客户安全网的功能，同样是利用一个按键，就能将行驶路线传送给自己事先设定好的五个好友。Uber并没有寄希望于政府或行业协会的监管标准和具体行为，而是以线上优势形成足够屏障的方式来保护线下资源的平稳运行，这一点足以让中国共享经济企业深入学习和思考。

当然，随着共享经济被更大范围内的认可，随着法律监管水平和社会文化包容性的不断提高，共享经济企业目前所面对的发展门槛，必然会随着国民经济整体发展而得到有效降低。但问题是，创业者不应坐等那个时刻的到来，而是在此之前加快竞争者的脚步，积极面对问题并加以解决，才是他们最终活下来并创造辉煌的重要筹码。

第八章　扩张，走向未来

无人驾驶，叩响"没有司机"的魔盒

Uber的出现、兴起和全球推广，很大部分离不开卡兰尼克及其团队对传统司机的成功"策反"。无论在哪个国家，他们都想尽办法，让出租车司机、私家车主、兼职拉客司机，以及原来的黑车司机成批投入己方阵营。正因如此，当卡兰尼克在2014年首次提到"没有司机"的概念时，引起了司机们的诸多争议。

其实，无人驾驶的概念，并不是卡兰尼克在那时才想到的。早在Uber成立之初，类似的想法已经被列入公司成长理念中。2013年，Uber接受谷歌2.48亿美元的战略投资，相当重要的原因在于谷歌掌握着当时世界上最领先的无人驾驶研发技术。卡兰尼克专门在2014年的技术大会上这样表示："Uber的体验比较昂贵。那是因为其成本不仅包含了汽车，而且还有坐在汽车里面的另一个人。如果汽车中没有另外一个人，成本显然就会比自己拥有一辆车要低。"

显然，在野心勃勃的卡兰尼克眼中，没有什么成本是不能被砍掉的。他想要从车中"踢出去"的那个人，正是人们始终习以为常的司机。

从感情上看，这种提法让人很难接受，但必须承认，卡兰尼克说的是事实。西方商业界早有这样的箴言："It is never wrong to tell the truth.（说实话没有错。）"卡兰尼克并没有说错，或许20年甚至10年之后回头看，他指出的正是Uber、滴滴这些互联网出行企业的光明未来。一旦无人驾驶出租车开始普及，全自动汽车就能影响乃至动摇这些企业所提供的服务，Uber目前只能防患未然，提前投入大量资金到无人驾驶技术上去，以便在人类迎来那一刻时，Uber可以提早准备、万无一失。

其实，在无人驾驶这场赛跑中，Uber并不是唯一的参赛者，也不是第一个冲出起跑线的企业。传统汽车厂商早已和互联网企业共同发力，进行对全自动驾驶汽车的研究。其中最有代表性的当属奔驰，它已经推出了全自动驾驶的S500 Intelligent Drive车型，其他几家厂商包括奥迪、福特、大众、沃尔沃以及博世、麦格纳等厂商也都有相当的准备。

互联网企业方面，谷歌是无人驾驶的领军者，在硅谷如果运气好，游客就有机会看到一辆雷克萨斯RX450h自动驾驶车，在车上毫无人员的情况下正常行驶，那正是谷歌的实验车型。

除此之外，特斯拉也是无人驾驶方面的后起之秀。其旗下的Model S在进行了四驱版升级之后，在车上加装了12个传感器，这些传感器可以联结到雷达、超声波和摄像仪等设备，让这辆电动车实现半自动驾驶。在软件上，特斯拉的进步也异常明显，它的6.3系统已经实现了基本的自动巡航功能，而7.0版本将能够让Model S在现有基础上实现真正的自动驾驶。

强敌环伺，Uber不发展无人车技术，就只会被边缘化。2015年2月，Uber正式宣布将和美国卡内基·梅隆大学（Carnegie Mellon University，简称CMU）进行合作，在匹兹堡建立高级技术开发中心，其主要任务是为了研究与设计无人驾驶汽车。与此同时，该中心还将研究和无人驾驶配套的高精度地图技术、相关安全技术等等。

选择CMU，是Uber在深思熟虑和反复对比以后的结果，CMU拥有着全美最好的计算机科学专业，强大的师资力量和设备硬件，以及美国国家机器人工程研发中心这样顶尖的学术机构。在美国的无人驾驶技术领域，该校属于研究机构中的权威，在和Uber合作之前，它也已经发布了基于凯迪拉克改装的无人驾驶汽车。

当然，卡兰尼克从来不会做"赔本"的战略合作。在与该校联手的前前后后，Uber已经砸下重金，先后从该校研究机构中挖走了大量研发与技术人员，整个机器人实验室中所有从事和自动驾驶相关研究的人员全部跳槽，总共有50多人。

这已经不是Uber第一次从合作企业中"挖人"，它从谷歌那里也带走了不少技术专家，包括谷歌地图业务前负责人、谷歌副总裁布莱恩·麦克兰登（Brain McClendon），他是技术员工出身，在谷歌待了十年，搭建起了谷歌地图、谷歌地区和谷歌街景等产品。然而，从2014年秋天开始，麦克兰登从事的项目几乎都和地图完全无关。这让Uber感到机会大增，因为Uber不仅需要高精度的地图，还需研发自己的地图系统，避免过于依赖谷歌地图或苹果地图。麦克兰登对此心领神会，他很快表示："我知道谷歌地图前景无限，然而，我更加向往Uber能够带给人类生活方式的改变。"就这样，麦克兰登成为Uber地图研发团队的领导者，带领着从CMU等机构挖来的员工不断努力。

经过各个团队的通力协作，目前，Uber的第一辆无人驾驶原型车已经上路测试。这辆车是基于福特Fusion改装的，搭载了专门的摄像系统进行图像采集，还加入了用来进行数据测绘的激光装置。类似设备只在谷歌无人车上加以使用，特斯拉、奔驰等企业的无人车，则采用的是成本更低的传感装置。除此以外，Uber无人车还对数据测绘和地图定位技术进行了开发，这是因为无人车的技术高低，很大部分取决于地图的精确水平，只有用更高精度的地图来加以引导，无人车的电脑中枢驾驶技术水平才会更高，因为地图会不断提示电脑应对不同的地形和路况，而不需要驾驶者操纵。

Uber之所以将研发目标定得如此之高，更多理由在于它想要打造的是完全不需要司机的无人车，而并非通常概念下的自动驾驶汽车。自动驾驶意味着还需要司机在车上操作，而操作的许多任务可以交给计算机进行，但卡兰尼克觉得这样并不够，除了需要降低成本之外，他需要的是根本无须人类操作的乘坐体验，在汽车内部要看不到方向盘、踏板等传统设备，这将让乘坐变成完全的享受。

未来，很有可能出现的是如下场景：

当你掏出智能手机，打开Uber软件，显示定位地点并叫车之后，由电脑控制的Uber无人车将会在第一时间来到位于小区或公司门口的站点，并等候你的上车。无人车上配备有常温空调、液晶屏幕电视、迷你音响、Wi-Fi，或许还在迷你冰箱里为你准备了一杯沁人心脾的可乐，当你上车之后，液晶屏幕和手机上会同时自动显示出通往目的地的路线，随后，无人车会迅速带你前往。这样的情境，会让你感到原本繁忙劳顿的一天变得美好起来。更重要的是，无人车不知道疲倦，也不会态度不好，或者临时加价格，它的识路本领也比任何人类司机反应都要快，如果你愿意，它还可以通过智能语音识别系统来和你聊上几句，并提供更多服务。

不要以为这样的无人车只是由Uber或者其他企业提供的，很有可能，它们只是私家车。人们可以选择购买无人车在自己出门时使用，而当其闲置时则不用放入车库，而是设定好时间和范围，在大街上为其他普通人服务。这一切并不需要私家车主花费什么时间精力，他们只需设置好计划，无人车就能在预定的时间自动开回车库，或者在预定时间自动去"扫街"拉客……

　　虽然这样的图景很是美好，但Uber需要付出艰辛努力。无人车的发展道路面临更多需要解决的环境问题，包括电脑如何智能化驾驶的技术开发、道路安全保障、产业与制度的变革等等。如果进一步将问题范围扩大，Uber还需要面对社会各界、传统企业如何看待无人驾驶技术的态度。Uber目前只是希望吸引出租车司机转变接单模式，就已经受到了无所不在的反对，未来的无人驾驶干脆要消灭职业司机这个身份，带来的社会冲击必然更加剧烈。

　　无论如何，传统的交通运输行业在汽车诞生之后，已经过了上百年的发展历史。随着互联网的发展，即便不是Uber，也会有其他企业来改变现状。无论是改变原有的行业内部关系，还是已经开始的对交通工具的革新，传统和未来始终都会产生碰撞。卡兰尼克相信，只要不断推进分享，不断建立新的氛围，让绝大多数人感受到实际利益和良好改变，Uber就一定能从无人驾驶这样的技术中获得希望与尊重。

一键理财，金融师坐着专车来

　　2015年6月，全面进入了中国互联网私家车出行市场之后，Uber将目标定位于基于庞大人口数量的另一个巨大市场——P2P金融。在美国创业家协会的演讲中，卡兰尼克宣布了这个计划的开始，并且声称："互联网金融作为一个行业，被全世界高度低估。未来，在亚洲将会有更多人进入中产阶级的行列。尤其是在中国和印度这样的巨型发展中国家，它们对于优质而高品位的金融理财服务，有着强烈的需求，并需要更多高品质理财规划师来为它们提供个人定制化的服务。"

同样是互联网行业，专车出行在诞生之初，多多少少带有"灰色"意味，由于触犯了种种既得利益而面临阻碍。相比之下，互联网金融却顺利成为中国从上而下都在正视并积极发展的行业。2015年两会政府工作报告正式提出要促进互联网金融的健康发展，引导互联网企业去拓展国际市场，Uber随之敏锐地盯紧了金融领域进行开发。无论它主动竞争的结果如何，起码占据了天时的先机。

那么，在出行市场呼风唤雨的一键叫车模式，如何进入传统而强大的金融行业中？它究竟会用怎样的姿态来保持颠覆者的强势动能？Uber的行动给出了答案。

7月9日，Uber在上海地区联合中国平安，推出"一键呼叫一个亿"活动。为当地10名幸运用户，提供体验当一天"亿万富翁"的机会。具体活动方式是：在当天上午10点到下午3点之间，打开优步App，点击"一个亿"的按键，只要点击这个按键，就有机会成为十个幸运儿之一。当手机屏幕显示呼叫成功之后，一辆专属的壹钱包×Uber运钞车，就会到达用户的指定地点，用户将会当场获得每个人一亿元的理财体验金，并能够免费乘坐运钞车，体验坐在钱堆中的乐趣。

活动规则宣布后，Uber用户们很快行动，随之成功产生了十名幸运儿，获得了一日体验期限内一亿元产生的理财收益（每人为一万元左右）。这次活动结合了上海本地城市特点，对这座金融之都全民理财的热情加以迎合，既提升了Uber的市场影响力，也为它随后正式进入理财市场打开了渠道，做足了铺垫。其更加长远的影响在于，在现代生活中，绝大多数都市人面对着日常繁忙的工作和沉重的家庭负担，因此许多人认为理财是相当专业而麻烦的事情，既需要去学习金融知识，又要努力控制风险，自己根本没有时间也没有精力去理财。但这样的活动改变了人们的陈旧观念，普通用户发现，理财也可以像一键叫车那样简单，随时随地都能够开始。对于即使是很少出门或从不关心理财的人们，Uber一样可以为其带来简单、快捷而有趣的理财服务。

除了和中国平安这种大集团进行合作，Uber还选择了互联网金融领域中的后起之秀共同开发新市场。其中最好的合作者应属它看中的优越理财。

优越理财是一家比Uber更为年轻的企业，2014年10月，这家企业进入了知名的融资平台3W咖啡路演，半年之后其估值达到了一个亿。Uber选择和这样的企业合作，显然也因为对方身上所体现出的黑马气质。在已经开展的合作项目上，Uber采取了和平安合作类似的方式：由优越理财为选择Uber的顾客提供免费的理财产品进行体验，除此以外，顾客还能够通过Uber的App不定期进行抽奖，以获得理财本金作为奖励。在优越理财的购物界面，还能用积分获得Uber打车券。

Uber对于金融市场的胃口很大，必定不是和几家企业合作就能满足的。它很快在其手机App中正式推出了一键呼叫理财师的个人金融功能。为了宣传该功能，Uber专门设计了新欢迎界面，整个页面的感觉不仅继承了优步打车的"酷"的风格，还体现出理财业务应该具备的高端和尊贵感。当用户进入主页面之后，能够看到用户所处位置附近的所有理财师资源，在界面底端，总共有四个级别的选项，包括人民理财师、普通理财师、高级理财师和资深理财师。直接点击"呼叫理财师"按钮，就能进入理财师的选择页面，并了解不同理财师的专业能力特点。

例如，在资深理财师页面中，用户可以找到金融界中工作多年的专业人士身影。如果选择下单，理财师就会乘坐Uber按照系统分配的私家车，很快来到用户所在位置，进行当面沟通，了解用户的需求，为他们提出符合实际的建议。为了扩大影响力，Uber还专门邀请了这个功能的代言人，如世界上著名的投资家、金融学教授吉姆·罗杰斯（Jim Rogers）和堪称传奇的金融大鳄乔治·索罗斯（George Soros）等人，都已经和Uber金融签约，成为Uber最先确认引入的"资深理财师"。

个人理财业务功能只是Uber在打造其金融服务互联网平台的一部分。为了扩大自身所占有的市场份额，提升企业对资源和渠道的掌控能力，它也在积极地进行融资租赁等金融活动。

2015年4月29日，Uber开始和广东物资集团汽车贸易公司（简称广物汽贸）、明铧融资租赁股份有限公司等企业进行合作，它们将为Uber提供购车方面的金融支持。这两家企业都是整个华南地区有名的金融企业，前者身为广东物资集团旗下的核心子公司，是全价值链汽车集成供应商，而后者则是广州最大的融资租赁公司。

根据Uber公司透露的消息，这次金融合作，会面向不同的车主服务。无论是拼车业务的私家车主，还是叫车业务的雇员司机，都能从合作中获得实际利益。广物汽贸的资源优势，是能够将汽车经销和服务产业链方面的资源，提供给平台上的合作车主与司机，帮助他们获得购车的优惠，完善售后服务，提供如购车、上牌、维修保养、索赔等方面专用渠道等等。明铧融资为Uber司机提供量身定制的融资产品，这些产品同银行所提供的汽车消费信贷相比更为实惠，例如首付能够降低到20%左右，并可以给出资人提供更好的物权保障。明铧融资背后的母公司企业集团旗下同时拥有着"广州e贷"这样的P2P平台，可以形成更加宽广的三方合作模式。通过融资租赁产生的收租权可以放入P2P网贷平台加以转让，并将保险、延保和售后等服务也一并放入汽车销售融资产品中，从而让更多司机和车主受益。

Uber对中国金融市场的试水仍然在延续。诚然，互联网金融市场随着"e租宝"骗局的轰然倒塌而受到影响，但当浮云散去，一切依旧会尘归尘土归土。来自民间金融观察者的报告指出，未来五年内，中国互联网金融机构还会倒闭50%以上，以传统金融为主的金融机构则会面临更高的破产率。与此同时，更多的优秀理财师会被释放成为独立执业人，他们将会以个人工作室或者团队合伙的形式，为顾客进行量身定制的个性化服务。这决定了传统金融机构流水化式的作业，会逐步退出原有的历史舞台，顾客和理财师需要在能预约的理财平台上进行直接交易。无疑，对Uber模式下的互联网金融项目来说，这是重要的利好因素。

Uber及时布局金融行业确实具备前瞻性，这家企业是否能够保持在互联网出行市场上展露的一往无前精神，值得每个人期待。

智慧城市，提前布局抢占大数据

2015年5月26日，在贵阳举行的全球大数据时代峰会上，卡兰尼克作为这场大会邀请的神秘嘉宾登上了讲台。

卡兰尼克的出现，让在场的500多名观众感到惊喜和兴奋，因为这是卡兰尼克第一次在中国登台公开演说。他将城市发展作为整个演说的主题，并谈道："中国的领导层最为关注城市的发展，中国的城市也比世界上任何其他地方都充满活力。"

抛开话语中的溢美之词，关注Uber在中国的实际行动可以看到，Uber的确在不断开展城市整体布局，希望将公司变身成适应本土国情的智慧城市商业模式开发者和搭建者。

智慧城市概念由来已久，强调用物联网来联结城市的一切设备，从而涵盖交通、医疗、建筑等不同行业。而Uber所代表的共享经济方式则更进一步，希望在此基础上能够利用移动互联网化的信息平台，通过技术方式对已有资源进行新的整合，缩短行业之间的沟通，带来城市经济的持续发展。可以说，这种共享思路对于智慧交通、智慧城市的建设，提出了不同的发展方向。

早在Uber成立之初，随着公司估值的迅速增加，卡兰尼克就看到了Uber待挖掘的城市经济潜力。他不仅希望Uber成为互联网叫车和出行领域的重量级企业，还希望通过大数据来支撑，建设包含各方面产业在内的Uber智慧城市服务体系。

Uber虽然不是数据公司，而是利用数据来驱动从而提高资源配置效率的高科技公司，但其商业模式的本质离不开大数据。当Uber的日常决策制定越来越依靠对大数据的深度分析能力时，公司发现数据所能够利用的范畴不再只是交通方面，更包含了整个城市的各行各业。

在美国的一些城市，Uber通过高科技算法，以大数据分析形势，让原本闲散的存量汽车资源升级成为有价值的公共资源，员工在城市中送快件和食物，不只是为了满足顾客个体的需求，而是形成城市内部的高效资源利用网络。可以为司机以及相关从业者增加收入，减少出行时间与人力浪费，同时实现节能减排与环境保护。Uber还希望能通过大数据，为城市未来发展的建设提供更多支持，让城市由此变得更加美好。

卡兰尼克不会只停留在这些构想中。为实现智慧城市的蓝图，Uber率先在美国向其开展服务的城市政府示好。2015年1月14日，公司的公共政策负责人表示，他们将和波士顿市政府分享用户通过Uber出行的数据。对此，当地市长马丁·沃尔什（Martin J. Walsh）认为，Uber的数据能够帮助市政府更好进行决策，市政府将会使用这些数据改变政府提供服务的方式，并欢迎这种带来新资源的机会。

波士顿市政府或许是在美国"第一个吃螃蟹"的地方政府机构。然而，Uber想要提供服务的对象显然不止这一个城市。在8月27日举行的2015年中国国际大数据会议上，Uber中国大数据专家江天介绍，目前Uber已在全世界330个城市中掌握了大量的运营数据，通过对数据的分析，完全能够把握城市人群出行的规律。这些交通大数据的规律，迟早会为更多城市规划、管理者所重视。

Uber对大数据的开发和利用，无疑中对应了中国各级政府对交通大数据加以利用的渴求。8月19日，中国国务院常务会议审议通过了《关于促进大数据发展的行动纲要》。其中提到，要优先推动交通、医疗、就业、社保等民生领域的政府数据向社会开放。因此，对于地方政府来说，交通大数据的开放无疑成为数据开放的试验板块。六天之后，即8月25日，优步中国及时在上海部分地区推出可以多人共乘的"人民优步+"新功能，这也是为参与上海智慧城市建设所推出的Uber Smart项目之一。

智慧城市这块蛋糕早就被国内企业"虎视眈眈"。其中最为领先者当数腾讯的"互联网+智慧城市"模式，目前，腾讯的智慧城市生态圈已经扩展到全国28个省（市）地区，腾讯已和70多个城市建立了战略合作，因此，腾讯也必然是Uber在不远将来需要面对的对手。而作为一家本土化尚在进行中的外国背景企业，优步中国想要对抗腾讯，就需要找到重量级的本土同盟军。因此，2015年的贵阳演讲之后，卡兰尼克很快在智慧城市的大旗下，同神州数码集团的掌舵人郭为站到了一起。

卡兰尼克之所以会选择神州数码作为盟友，还要追溯到2010年的成都。

那一年，神州数码举行了全球合作伙伴大会，郭为在会议上对外宣布，神州数码将会向智慧城市战略进行转型，并将之定义成为神州数码又一次的创业起点。当时的神州数码已经从联想拆分十年，成为中国最大的整合IT服务商，在软件开发、解决方案等业务领域已经有稳固的行业领先位置。但它在那时提出的智慧城市定义，并没有真正为人理解和重视。此后，郭为一而再地身体力行进行宣传——所谓建设智慧城市，就是要通过对资源加以融合的服务"使得生活在城市里的每一个人生活更加幸福"。

经过五年来的探索和实践，郭为率领神州数码，以各个城市的政府、市民和企业需求为核心，形成了其独立而完整的智慧城市运行平台架构。在北京、成都、福州、佛山、本溪、威海、张家港等地，人们都能够通过不同的互联网入口接入神州数码的平台，和神州数码签署战略合作的省、市也达到33个左右。这也成了吸引Uber的先天条件。

相比之下，Uber带着强大的互联网基因、数据库分析整合能力以及基于地理位置提供城市服务的技术，自然也具备了足以吸引神州数码的强劲优势。因此，双方在贵阳正式签署了战略合作建议，虽然合作的重点领域尚未完全透露，但不言自明的领域应该是未来的智慧城市。

这一次双方的成功联手，势必会在已有的互联网出行战场之外，点燃新的争夺烽火，而战役的结果，会在很大限度上决定今后20年智慧城市的"互联网+"格局将由谁掌控。

房产业，UBER会不会更懂中国

无论是谁，当他们开始谈论中国经济时，必然离不开房产业内容。Uber的

"中国化"不是用一个中国企业名字、一个中国管理团队和一个中国式的公司架构来实现,还包括对房产业的涉足:除了"一键送餐""一键组乐队""一键理财师"之外,"一键买房"也伴随着Uber对中国越来越深入地了解,有可能成为事实。

2015年6月,网上出现传言:Uber即将正式推出"Uber买房"功能。到这年秋季,传言甚至援引《华盛顿邮报》信息,声称三个月之内,Uber就会宣布全面进入房地产行业。虽然优步中国此后并没有承认,但Uber在中国的发展历程中,始终和房产业有着种种联系,却是不争的事实。

共享模式和房产业的联姻设想并不奇怪。目前,传统房产行业运行弊端在不断呈现,开发商库存压力大、尾盘销售困难,团队组织、广告运营、市场营销等难度也在不断加大。对于购房者群体来说,十余年如一日地遵循着找楼盘、跑售楼部、签约、交款、等房的流程,会耗费大量的精力与时间。即便是曾经火爆一时的中介经纪,也由于找房源困难、找客源困难、佣金结算困难面临重重压力……

身处互联网时代,房地产行业理应不再如此。无论是房产商还是中介,或者是购房者,都提出了新的问题:如何利用互联网资源?不少互联网背景的本土企业奉行着共享理念,开始了行动。

首先是房道网。这家企业宣称"代表消费者利益",以房产特卖来作为最具备特色的产品。企业创始人张强从2001年开始就在广州番禺入行做地产中介,并很快发展了十几家加盟店,在2012年创建了房道网,决心用互联网模式来对传统房产中介加以改造。然而,最初起步是相当艰难的,他一开始设想过要搭建买卖双方能够直接面对对接的平台,也想过开发全民做经纪人的"淘宝"玩法,但最终都陷入困境:前者跨度太大,难以维持;后者则因为行业低频消费的特点，"全民"没有动力成为经纪人。

伴随着思路调整，张强发现，与其将注意力集中在中介本身，不如将目光转移到如何做好存量资源共享的商业模式设计上。换而言之，房道网主打"正品特价"的品牌，实际上是在学习Uber的"一键呼叫"数据分析和共享方式，实现对市场需求的满足。

随后，房道网迅速打造了具备一键呼叫房产商、一键呼叫买房顾客和一键呼叫中介经纪人等功能的"抢房宝"和"联动宝"等App。它学到了Uber的"魂"，然后将之渗透进入中国传统的买房流程，试图改变相关理念和行为模式，进而改善行业中所有人的体验。

不妨来看看房道网最引以为豪的几个功能：

一键呼叫开发商，这一功能能够在购房意向客户的手机上展示楼盘信息，从而进行基于地理位置的房产打折特卖。这种互联网平台上的房产销售模式，恰能在一定程度上缓解房产去库存压力，虽然尚没有展现出药到病除的效果，但在房地产价格下滑的趋势中，也为众多中小型房地产企业提供了可资一试的机会。

一键呼叫买房客户，这一功能能够简化顾客购房的流程，使顾客集中关注购买房产的每个环节。客户只需要打开App，在指定时间内抢购优惠房源，获得优惠名额，就能够及时下定金并预约看房。这正是Uber资源共享模式的精华所在：伴随顾客购房的简化，其购房热情也会增加。

一键呼叫房产中介经纪人。传统经纪人模式，对中介机构员工个人能力和资源掌控水平的要求很高，经纪人无论是寻找顾客还是房源，都需要使出浑身解数，不仅降低了其个人的工作效率，也大大延长了整个房产市场成交所需要的时间。

如果对市场进行细分，就能发现目前存在着三种房产中介类型。

首先是传统中介公司，这种公司以链家为代表，需要高成本、高佣金和高房源量，店面成本和经纪人员工成本总共占去65%以上的企业成本，并且逐年增加。这样的高成本势必会带来高佣金价格，虽然规模的优势能带来丰富的房源信息，给购买者提供更多可选保障，但价格高企义会导致顾客不得不加以考虑。

其次是涉足互联网性质的中介公司。这种类型的中介公司，不需要传统的门店成本，但依然需要有大量经纪人投入运营。此外，还需要通过投入大量的广告在网络上打响知名度，才能持续不断地招募到新的经纪人。虽然成本下降带来了佣金价格的下降，能够吸引到不少年轻顾客，但房源短缺却成了这种类型中介公司发展的瓶颈，因此目前效果依然不理想。

最后则是Uber模式的房产中介。这种中介把互联网化、平台化、去门店化的特点融为一体，从而解放越来越多的传统经纪人。正如同那些"被解放"的出租汽车司机，他们将会有更高的积极性在新的房产平台上工作。

在用Uber思路打造的"联动宝"手机App上，体现出了第三种房产中介模式的优越性。买房顾客的订单会通过系统算法，自动分发给已经注册的正规中介机构经纪人，经纪人可以带领意向顾客线下看房，从而轻松完成业务，并随时查看相关的统计数据，及时结算并获取佣金。

另外，"联动宝"中还有云数据中心功能。使用者可以通过一键呼叫方式，从云数据中心获取相应的精准数据信息，从而了解房产市场最新的具体动态，而房产商和中介也能进行精准的推广服务。

在推出这两款软件之后，房道网的云数据中心迅速扩大，登记在册的开发商有数百家，中介公司数千家，注册经纪人数十万，这些数据帮助其推动了上游房产商的营销业绩，取得了良好效果。

并不只有房道网受到Uber的启发而成功。房地产C2C平台"小蜂e家"推出的App"小蜂抢租"，也是将闲置的存量住房资源加以利用，在没有中介门店和自有经纪人的情况下产生市场价值，最大限度降低企业成本。除此之外，"易屋之家"从2015年4月注册上线之后，在短短一个月内就获得了1.6亿元的销售额。

当然，仅凭借传言和模仿者的成功，还不能断定Uber很快就会进入中国房地产营销界。中国房地产行业毕竟存在着其自身的特点，包括作为大宗商品的特性、无法在线进行交易、没有可以提供担保的第三方等等，如果未来Uber能够确保自身适应力，提供更好的服务，它将有可能在寻找并确认需求环节、交易环节等方面，对现有房产销售行业做出革命性的创新。

引领未来的人才力量

2016年3月，Uber作为从零开始的高科技创业公司，已经走过了整整六个年头。

虽然已经是估值接近600亿美元的大型企业，但在卡兰尼克看来，Uber依然还只是个刚刚蹒跚学步的婴儿。他想要用未来的不断成功让全世界认识到Uber和共享经济的价值。为此，Uber需要有强大的员工团队，确保其健康地成长与扩大，而企业领导者的个人素质，则是其中的关键。

从创业开始至今，卡兰尼克不断致力于在高手如林的美国企业界寻求人才，为此不惜花费高薪、许以重位。这些人能力突出，对共享经济模式充满认可。有这样的理想作为宗旨，以及手头不断融入的美元，"情怀+现金"型的人才政策，足以吸引高素质精英，让Uber从一个只有三个人的公司，成长到如今有着几千员工的公司。

在数千位员工中，共有23个人构成了Uber的核心团队。除了卡兰尼克之外，其余人都是围绕在他身边的左膀右臂：

赖安·格拉夫斯（Ryan Graves），作为公司的第一位员工、第一任CEO，他的职场传奇故事从网络招聘开始，现在依然在延续。目前，他是Uber高级副总裁和全球运营负责人，领导Uber在国际市场的扩张和成长，同时也是Uber董事会成员。

奥斯汀·盖特（Austin Geidt）：Uber的第四位员工，从加入Uber起一直在公司担任职务。作为全球扩张的负责人，她带领着Uber走进上百个城市，现在她则负责领导Uber下一步的扩张。除了专门负责海外扩张之外，她还负责对PRO团队的监督与管理，促使Uber公司有更加精简化的内部运作流程。

范顺（Thuan Pham）：首席技术官。他确保Uber所有App软件应用的正常运行。其麾下带领的Uber技术团队最初只有40多人，目前已经发展到有1200多名工程师。范顺在1980年从越南乘船作为难民逃到美国，后来进入麻省理工学院读书，最终在硅谷工作。卡兰尼克在2012年年底的面试中认识了他，随后，连续两周内双方都会互相通话，总共在电话里聊了30个小时。经过如此沟通了解之后，范顺进入Uber，一手打造了整个技术团队，成为公司当之无愧的技术精神领袖。

乔·沙利文（Joe Sullivan）：首席安全官。这个职位在传统的公司并不常见，但在Uber等高科技公司却相当重要。他原来是一名专门打击网络犯罪的律师，后来在Facebook担任了八年的安全专家。被卡兰尼克挖到Uber之后，任何安全业务都由他一手领导，从跟踪司机的手机，到对超速行驶的监控，再到在车内安装专门的设备来对付那些可能不遵守规矩的乘客，等等。

杰夫·霍登（Jeff Holden）：首席产品官，负责管理Uber未来的硬件建设。例如和卡内基·梅隆大学合作进行的无人驾驶汽车的项目研究，就是他负责领导的内容。霍登也有着令人称道的行业经历背景，他曾经在亚马逊公司担任重要职位，是亚马逊创始人贝索斯（Bezos）的亲信之一。

布莱恩·麦克兰登（Brian McClendon）：Uber高级技术中心的副总裁，负责无人驾驶技术、地图和相关安全标准的研发。之前，他在谷歌担任副总裁，领导开发了谷歌地图和谷歌地球。随后由于谷歌的人才使用政策远离了自己的专业技术，而卡兰尼克抓住时机乘虚而入，将他挖了过来。

杰森·乔治（Jason George）：Uber公司中，有个Uber Everything部门，他就是这个部门的负责人。这个部门负责将Uber的业务从汽车向任何其他行业扩展，其中Uber Eats和Uber Rush这两个项目，已经大获成功。乔治负责带领其团队，选择出哪些城市适合进行类似的实验项目，或者终止那些效果不佳的项目。

蒂姆·柯林斯（Tim Collins）：同样是负责安全系统，但柯林斯更多关注对用户的支持和安全运营。他曾经在亚马逊的欧洲分部担任主管，在2015年年初加入Uber，成为全球社区运营的副总裁，保证Uber的用户能够安全使用公司产品，并有着良好的体验。他入职后不久接到的任务就是建立安全事件迅速响应小组，作用是在Uber平台上发生安全事件的情况下，能够第一时间做出反应，尽最大可能地保护用户和司机的合法利益。

萨丽·柳（Salle Yoo）：首席律师。她毕业于波士顿大学法律学院，后加入Uber负责法律团队的领导工作。在三年来的辛勤工作中，其率领的法律团队从一个人扩大到120个人的规模。除了要应对外部各个国家的法律诉讼之外，柳还关注着企业内部的法律问题。员工经常会很感激她，因为只要发现公司内部存在着同工而不同酬的现象，她就会将问题向人力资源管理部门申请，并要求他们重新做出调整。

雷切尔·惠特斯通（Rachel Whetstone）：她担任Uber政策与公关业务的高级副总裁。在跳槽之前，她在谷歌担任了很长时间的公关主管，2015年4月，她进入Uber之后接替了戴维·普洛夫的职位。这次跳槽是卡兰尼克一手策划的，他一直在挑选着强而有力的活动管理人，能够从某种程度改变Uber咄咄逼人的角色和形象，使整个公司的文化看上去不像卡兰尼克本人那样充满锋芒。

除了公司总部的这些杰出人才之外，Uber还有分布于世界不同国家和地区的分支领导者。这些"诸侯"各有其出身经历，掌握着本土的文化优势与人脉圈子，是Uber用来占领并扩张市场地域最重要的棋子：

艾米特·杰恩（Amit Jain）：2015年6月，这位美籍印度人将公司从硅谷搬到新德里，负责将Uber开拓到竞争激烈的印度市场。在新德里，他接到了卡兰尼克的承诺，为了增加印度的市场份额，公司总部不惜砸下十亿美金。目前，印度公司正在致力于发展女性司机加入Uber平台，目标定为到2020年吸引五万名女司机加入Uber。

艾伦·佩恩（Allen Penn）：负责领导Uber亚洲区域业务。他也是Uber的早期员工，在2011年时加入了Uber，那时，整个Uber公司的业务只覆盖到美国的六个城市。现在，佩恩主要在中国香港分部负责领导整个亚洲业务。竞争和管制激烈的亚洲市场对佩恩是个考验，他必须处理好种种矛盾来继续扩大市场。

此外，还有负责英国、爱尔兰和北欧区域的总经理乔·伯特伦（Jo Bertram），负责美国东西海岸区域的总经理拉埃尔·霍尔特（Rahel

Holt），负责美国中部和拉美区域的总经理安德鲁·麦克唐纳德（Andrew Macdonald），负责欧洲、中东和非洲区域的总经理戈尔-科蒂（Gore-Coty）等等。他们中间，当属最后这位戈尔-科蒂的经历最为"传奇"，名气也最大，他因为经营Uber法国公司，直接被法国警方以涉嫌欺诈性商业战略和非法营运出租车公司名义拘留，并进行了庭审，不过，戈尔-科蒂还是在庭审中全身而退，并继续负责当地业务。

总体上看，Uber的员工队伍体现着这家公司年轻化、大众化的特点，他们大多数都是敢闯敢干的年轻人，来自不同的专业背景，有不同的行业经验，都不曾背负什么压力与包袱。正因如此，他们能够和卡兰尼克一样，无畏从各方向扑面而来的压力，坚持以共享经济成就未来社会的梦想，要将Uber公司的业绩与市场占有率推向更高峰。

拓展进化，传统行业也能共享

无论Uber目前是否承认，它显然不可能长期满足于只占领出行行业，更多传统行业隐含着深远广袤的战略前景和利润空间，吸引着包括Uber在内的众多互联网企业。正因如此，共享经济才会被经济学家们断言将在21世纪下半叶主导社会经济形态。

但与此同时，一个值得深思的问题放在传统企业面前：共享经济正在迅速本土化，适应当下的中国市场环境和监管体系，一旦这种经济形态被全社会消费者所承认、接受和适应，带来的冲击将会有多大？如果真正出现不同行业的"中国版Uber"，原来立身其中的传统企业又何以自处？显然，继续盲目地抵制或者回避，并不是明智的方法，传统企业有必要参考那些和Uber有关的事件，积极行动，应对共享经济，开始自我革新，实现拓展和进化。其实，传统企业并不需要过多改变，大部分传统行业的模式已经相当成熟和稳定，它们掌握着重要的资源和庞大的用户群体，所需要做的是利用移动互联网科技带来的新思路、新模式，寻找到行业中最核心的可以共享的资源，发挥出其更高的利用率来提供价值，获得更多收益。

2014年3月，国内规模最大的美容行业O2O企业"河狸家"正式上线。创始人雕爷从事过"阿芙精油"这样的传统美容产品线上营销，而他对"河狸家"的战略定位，则是在短期内做大的迅速扩张。两年多过去了，虽然"河狸家"的发展有顺利也有阻碍，但它毕竟拥有了传统美容行业的三个第一：第一个打造客户共享平台；第一个上门O2O；第一个解放了服务人员。这让"河狸家"同时抓住了市场上服务方和需求方的心理。

其实，"河狸家"的共享模式转型并不复杂，它从美甲这一传统产品切入，在同行尚未意识到上门美甲所具备的巨大市场时，迅速进入以补贴形式吸引了大量美甲服务人员，又以价格和服务笼络了大量用户群体。尽管这样的率先进入让"河狸家"付出了培育市场的成本，但也获得了在转型过程中竞争对手无法追赶的地位。同时，"河狸家"也在不断削减美容服务业的中间环节，让服务者能够摆脱传统渠道的巨大抽成，以自由职业者的姿态进入平台，展示自己并建立评价体系，构建每个服务人员的自品牌。通过这种形式，消费者会得到比传统形态下更好的服务，并建立更高的品牌忠诚度，产生良性循环的生态圈。

在将传统行业进行了共享化的进化之后，"河狸家"还没有忘记对业务进行拓展。因为即便美甲这样的代表性服务，也并没有达到企业想要的高频次。为此，"河狸家"将原有平台不断扩充，进行品类的横向增加，包括化妆造型、美睫、手足护理等等。不过，这样的拓展并非是盲目进行的，而是当整个共享平台在积累了大量服务人员和用户群体之后的水到渠成。

"河狸家"的成功，并非建立于对Uber模式的盲目照搬，而在于其体现出的革新精神。利用移动互联网技术，找准方向和突破口，更多的传统行业也能走向共享化，从中分到新的市场蛋糕。

下面这些策略，是为传统型行业参与者提供的有益参考：

第一，积极行动，与共享经济企业合作。

并非每个企业都能有条件立即开始建立共享平台，但传统企业可以尝试转换角色，成为共享经济的试水者。如果有条件，就应该积极行动起来，和共享经济企业进行合作，以便获得更具优势的资源。例如，可以从合作中，获得共享经济企业所提供的销售渠道，并提供产品和服务给渠道中的用户，进行按需销售，也可以利用这些企业来获得服务资源，扩大企业选择合作的空间，或者减小企业在业务繁忙时面临的供应链压力。

第二，以共享推广者身份充实品牌内涵。

在西方，共享经济的兴起同环境保护、分享利益和闲置物品再利用等先进文化理念有很大联系，随着其在中国的发展，共享经济也将不断改变平台上每个人的观念，并形成新的共同消费文化。传统企业与其坐等这样的文化成熟，不如现在就开始推出共享资源的理念，重点以人际关系和谐、支持旧物利用和交换、提高环保水平等元素来充实品牌内涵，并提升企业形象。

第三，以投资参股或收购兼并的方式进入共享经济领域。

传统企业无论从资源还是组织结构上，都并没有做好建立共享经济商业模式的准备，也无法由自身来应对其中的风险并解决问题。在这种情况下，传统企业可以采取投资参股的方式，重点选择那些和自身行业领域相关或者能够进行资源共享的企业进行。这样，传统企业可以从业务合作的关系中收益，从而提升自身业绩，也可以逐渐深入学习和理解共享经济的商业模式。如果被投资的共享经济企业发展不佳，传统企业也能够作为战略投资者选择退出，并不会因此而导致公司深陷其中影响长远发展。当然，如果企业确定了迅速进入共享经济领域的发展战略，也可以选择直接收购兼并那些创业型企业，在已经确定受共享经济模式冲击的行业中尤其值得采用这种方法。

需要强调的是，传统企业不仅应该积极参与到共享经济之中，还必须采取防御策略，积极分析企业现有业务中最薄弱的环节，并加以充实和改造，以便能够抵御共享经济企业的颠覆，并保持充分的优势。

第九章　与全世界一起共享

共享，趋势不可逆

共享并不是新名词，共享经济也不是新出事物。这一概念正式提出于1978年，直到近年来才伴随互联网商业模式而流行，但共享行为在人类历史上几乎早已有之。

从字面上理解，"共享"就是共同享有。还记得物质匮乏的20世纪七八十年代，那时朋友之间为了出席婚礼，可以相互借用衬衫、正装，孩童之间的一把玩具枪、一叠画片也可以轮流玩耍，由此产生的利益关系，就是最早的共享经济。

经过经济飞速提升的20年，在物质充实的当下城市中，物品所有权的重要性开始降低，人们重新开始关注如何以最便捷和低廉的方式来获得物品或服务的使用权。为此，互联网开始搭建第二方平台来主导共享。随着Uber、滴滴、小猪短租等不同企业的融资和扩张，顺风车、互联网拼车、众筹、短租、外卖、上门服务、P2P金融等，成为现代城市人群中普遍使用的生活与工作方式。人们不仅花费时间去获得自己的物品，还希望能够更加自由地获得物品使用权。获得使用权比获得物品要简单、分散和迅速，体验也更加碎片化和公开化。

为什么所有人最终都会走向共享的生活？答案在于"剩余性"和"有限性"这两个概念。打个不太恰当的比方，"朱门酒肉臭"代表着资源剩余性，而"路有冻死骨"在于资源有限性。社会化大生产程度越高，富裕阶层手头闲置的资源越来越多，如闲置的住房和豪车，对于某一个家庭来说，这些资源都是"多余的"。而与此同时，"有限性"依然存在，贫富差距的加大意味着巨大的需求依然存在。

传统经济模式对"剩余"和"有限"之间的对抗没有多少实际解决办法。2001年诺贝尔生理学或医学奖得主、基因学家保罗·纳斯（Paul Nurse）说："目前，并不清楚怎样让上百亿人过上发达国家人民的那种生活，唯一已知的前进道路是经济增长，而经济增长却又与有限的地球资源发生冲突。"

共享经济模式的回答是：解决冲突，必须让使用权和所有权一定程度的剥离，否则过剩的问题解决不了，需求的麻烦也会越来越大。例如，普通工薪阶层攒钱买一台跑车需要很长时间，但如果花钱从Uber平台叫一辆，就容易得多了，"有限性"由此获得解决。富裕阶层玩腻了每天夜里开跑车上高速的"地下竞技"，觉得既不安全又不经济，他们想用跑车来赚点零花钱，利用Uber，"剩余性"也就荡然无存。

这种事实说明，共享经济在解决"剩余性"和"有限性"问题的同时，带来的非但有新鲜感、时尚感，还能够改变不同阶层原来的角色，使之前原本单一、独立甚至对抗的关系，可以变得更加多元、立体和友善。

最终，在成熟的共享平台上，"穷人们"将不需要花费金钱去保管、维护商品，越来越多的商品能够通过租用而非购买来获得其价值。富人们也不必感到自己资源的浪费。这将能够从本质上解决保罗·纳斯所提出的疑问：如何让地球上其他人过上发达国家生活，而不会受到现存资源多少的限制。

当然，正如历史上不同的工业革命一样，共享趋势并非在短时间就会完成。共享经济需要根据不同国家、城市发展的阶段特点，不断刷新人们的理念，然后加快自我发展进程。

具体来看，共享经济模式能够为顾客提供定制化的产品、及时和便捷的服务，顾客也无须考虑对产品的挑选、购买、保存、维修以及处理等细节问题。这样，共享经济企业可以和人们建立广泛的接触点，并不断加快收集反馈数据，加强产品和服务供应的改进。随着共享经济的发展速度越来越快，添加到共享经济平台上的每个新产品、新服务就能被更多人需要，这正是共享经济模式能够自我前行的最根本动力。但这种动力在不同状态下，又能表现出不同的吸引方式。

在美国、欧洲等经济发达国家和地区，共享经济之所以能成为趋势，与其说是解决现实问题，倒不如看作是对旧有传统文化的延续和回归：

当Airbnb公司的创始人布莱恩·切斯基（Brian Chesky）将在线短租项目介绍给他的母亲时，后者为有陌生人住进家中而感到担心，但切斯基的祖父却很支持，他说自己当年外出旅游时就会经常敲陌生人的房门并借住一晚。这说明，共享经济模式其实是人类生活方式的延续。

上述生活方式曾经构成了美国独有的风俗人情。但此种方式在第二次世界大战以后却宣告中断，那时由于食品价格便宜，科技工业大规模发展，消费主义发展到达巅峰，个人享乐主义强烈抬头，青年人更愿意去购买家电、汽车等产品来证明自我，为此他们宁愿进行贷款，享受在前而付费在后。但几十年之后，这种大众消费理念和习惯发生了改变，在美国1985—1995年出生的人群，其成长期受到经济危机的影响，消费观相对更加务实。2011年时的调查显示，在全美18岁到29岁的被访问对象中，有77%的人因为经济原因打算推迟购买生活中重要的商品，其中最主要类型就是汽车。与此同时，互联网平台支付手段和评价体系的成熟和稳定，促进了交易双方的了解、信任和交易进程，这也正是为什么Uber这样的共享经济企业巨头会首先出现在美国。

但共享经济在中国表现出的优势集中于另一面。几千年来小农经济的强大影响力，让中国人并不习惯与陌生人进行共享，但他们却乐于在共享平台上实现自我价值。宏观上看，近年来，面临着人口红利消退和传统增长模式乏力，中国经济增长持续下行，稳增长被明确放入"十三五"规划期间的重要任务，共享经济能够激发起市场中每个人的活力，推进创新和创业，必然被政府和社会重视。从微观上看，80后成为社会支柱，90后迈入人生新阶段，他们背负着房价成本、子女教育成本、父母养老成本和自身健康成本等，想维持体面的生活，大都需要找到工薪外的可支配收入，同时还希望尽量减少付出的时间与精力。当他们消费时，也希望尽可能节约资源，减少浪费，并带来经济效益。在这样的双重要求之下，能提供"自由兼职收入"和"高性价比消费"的共享经济将得以大行其道。

曾几何时，共享经济似乎还有些遥远，但今天它已经来到每个人的身边。共享经济会成为未来最重要的经济和社会发展趋势，它所前进的每一步，都将对整个世界产生巨大影响。

在共享风口之下

当风口打开的时候，猪都可以飞，足以见得风口的重要性。从21世纪开始，在中国乃至世界经济的发展过程中，一个个风口不断被打开，从传统互联网到移动互联网，搜索引擎、社交网站、电商、App……各种概念层出不穷，相应带来的则是新市场、新用户和新商业模式。随着"互联网+"经济发展方式重要地位的正式确立，更多风口将陆续被打开，其中的机会将提供给有充分准备的企业，共享经济商业模式类型正是其典型代表。

共享经济的核心在于商品使用权而非所有权的传递，如果一家企业能够围绕这种模式，利用互联网技术，建立产品、服务或平台，得到顾客的承认和参与，它就能触摸到共享经济风口的边缘，并有可能像Uber那样一飞冲天。

共享经济获得资本关注，并非一时、一地、一事，而是有其内在科学性。

共享经济下，上一代商业模式中的消费者，具有了消费者和供应者的双重身份。今天拥有闲置物品或服务的人，可以摇身一变，成为供应者，为其他消费者提供较低价格的产品，从而分享价值并满足各自需求。这种经济模式在20世纪也有发端，但当时物资匮乏、联系方式落后，因此难以普及。在移动互联网背景下，人们的生活和通信水平已经有了极大改善，社会生产水平和家庭生活水平也得以提高。因此，当消费者们发现共享经济可以扩大朋友圈、利用社交关系信任来获得更低价格商品或得到额外收入时，就迅速引发了共鸣，形成强大的用户黏性和忠诚度。

从经济理论角度来看，共享经济能进一步让市场交易透明化，将传统交易过程中的不确定性、模糊性和复杂性程度大大降低，个体消费者能最大限度地主动挑选交易对象、掌控交易过程。

拥有如此优势，共享经济必然能够形成资本风口。

2010年以来，美国共享经济企业获得了大量的资本注入。Airbnb作为短期出租房共享企业，目前融资估值达到100亿美元，与Uber同属拼车领域的Lyft、二手服装交易领域的Poshmark、社区健身领域的Fitmob等等，也对各自不同的传统行业产生巨大冲击，在获得众多用户和广阔市场的同时，拿到了一笔笔丰厚的投资。

不过，并非任何企业都一定能把握好节奏来踏准融资节奏，想要获得成功，它们需要遵循共享经济时代下必须正视的创业和融资原则。

首先，共享经济时代的成功企业，需要能够帮助消费者发现其真正需求，而不是只会用投资人的钱去"烧"出虚假市场的繁荣。如果消费者无法接触到新的产品和服务，他们很容易忽视自己真正的内心需要，即忘记痛点，只在乎片刻的优惠，不愿意去改变现有消费习惯。以出行领域为例，在Uber出现之前，传统的出租车服务有着种种弊端，例如堵车、拒载、任意加价、服务不佳、高峰时难以打车等问题，但顾客无可选择，只能选择忍耐，打车的需求却并没有使类似痛点有所减少。这种忍耐甚至在全世界维持了数十年，伴随各个大城市的飞速发展而存续——直到Uber的出现才让用户恍然大悟，并由此发现出行的需求并非简单地从一个点移动到另一个点，而是方便、快捷、价格适中以及"酷"的体验。这样，资本的注入才会更加心甘情愿，甚至主动追随。

换而言之，当你的企业利用共享经济模式解决了消费者自己都不知道或不愿正视的痛点，才有可能被投资者正式接受。

其次是服务体验。设计完美的平台能让互联网企业受人欢迎，但作为共享经济的实体部分，企业在线下提供优质的服务，是留住消费者的重要因素。很少有共享经经济企业直接为顾客带去商品或服务体验，为此，共享平台必须对提供者进行严格的筛选。这种筛选不只是单纯的比较和鉴别，还要创造出评价公开的动态体制，观察提供者在直接顾客的眼中的形象，让顾客之间随时相互分享对服务者的评价。这样，作为平台方的创业企业才能够合理、准确地管理供应者。

再次是积极应对法律风险。在走向法治化的今天，资本不会愿意冒太大风险。但无论在国内还是国外，共享经济企业发展的风险因素，有很大一部分集中于法律问题上。传统监管方式所遵循的法律，使得共享经济企业经常处于尴尬的境地，如果创业者选择无视法律的存在，那么企业将很大可能面临倒闭。相反，只有积极和监管部门、执法机构配合，像Uber那样不断获得地方政府的支持和理解，才能看见公司发展的未来空间。这要求创业公司能够主动和相关政府管理部门进行沟通交流，进而从根本上影响立法机构的态度，对法律进行优化和修改。

例如，Airbnb为了获得房屋短租经营方面的合法权利，多次和旧金山市政府沟通；健身服务共享领域的创业企业Fitmob，则积极和旧金山公园与休闲局协商，解决了公园内普通居民和健身群体之间存在的利益矛盾，达成了多方共赢。如果没有这些基础，很难想象它们可以得到投资者的垂青。

最后，当然是最重要的融资方向问题。共享经济企业对资金的需求度相当高，无论是Uber、Aribnb、Fitmob，还是中国的滴滴、快的，从其诞生之日开始，就在为追求资金支持而上下求索。拿到投资是为了正确花掉，在这些企业运行前期，需要为商品或服务的提供商给出足够的利益诱惑，也要通过向顾客群体提供折扣等实惠，让他们放弃原有消费方式，进入企业为其量身打造的平台中。同时，共享经济注重线下基于地理位置信息进行消费的特点，需要企业在最初阶段投入充分资金，在某个城市或某个特定细分市场进行迅速全面的占领，当业务即将进入新城市或细分市场后，又需要重新开始投资。

除此之外，共享经济对创业企业的技术高度同样有要求，无论是App的开发、大数据的搜集分析、平台的管理维护，还是不同地域或细分市场的市场、营销、物流、公共关系人员，都必须适应产品和服务的特点，才能协调运转。想要形成如此实力的团队，也考验着企业的财力。

坚持重视上述四大要素，资本风口才能为共享经济创业者打开宝藏的大门。即使看似很难，目前依然有众多创业者在寻找新的行业领域，以获取资本关注。无论如何，共享经济迟早会带给人类社会和经济全面而崭新的思路，能提前与之共舞的创业者，将会以引领者的形象迈入成功。

大数据支撑的新经济模式

共享经济模式，共享的究竟是什么？是一辆辆私家车和出租车，还是一幢幢民宿房屋？表面上看，这些都已经为共享经济企业所提供，但如果没有大数据，任何技术团队恐怕都无法做到去管理全球各大城市出租车，更不会有类似Uber的创业成功故事。

那么，互联网企业如何通过对大数据的处理和运用，形成成熟的商业模式？

不妨用Uber、滴滴作为例子来加以分析。这些公司的业务形成规模后，大数据的价值立即凸显，相应的技术成为其平台运营的心脏部分，主要作用体现在下面几点：

首先是供需匹配。无论乘客在城市的哪个角落，当他们发起乘车需求之后，其订单需要分配给附近不同的司机：滴滴采取抢单的方式，Uber采取指定分配的模式，虽然方式不同，实际上都基于各自的算法，能在最快的时间内让乘客需求和司机需求加以匹配。

这种对即时数据的处理和分析能力，取决了算法的精准程度，决定了用户的体验、司机的效率。想要达到最快的响应速度，还需要企业技术团队能够根据不同城市历史上的海量订单记录、用户位置数据、车辆未知数据来进行预测。例如Uber会越来越全面而丰富地通过不同团队，掌握全世界各大城市的交通数据，这些数据将能够帮助Uber发现不同城市的规律，预测用车需求特征的变化、城市运输能力的增减，指导企业对自身内部进行管理，并为出行居民、运输司机和城市交通规划部门提出建议。

其次是精准营销。Uber、滴滴们的快速成长，同传统企业的市场营销截然不同，其最大特点在于采用不同的营销方法，针对不同的细分市场、用户分类甚至个人用户进行。例如，在什么时间段向哪些群体打折或赠送优惠、分别提供什么类型的优惠、赠送多少代金券等问题，都要建立在对海量数据进行精确分析的基础上，绝非传统商业模式中依靠市场营销人员凭经验来进行。目前滴滴和Uber都正在进行对个人用户画像的工作，在这样的系统中，一个乘客的用车习惯、诚信记录会形成个体档案，并得到评分，同样，一个司机的执业行为也会被记录在案。这些记录数据将会和Uber、滴滴的其他合作企业业务进行联动，为用户、司机带去更多方便。

最后是自动计费和支付业务。Uber和滴滴已经实现根据出发地、目的地之间的地图进行智能导航，自动形成路线。综合参考路线的路程、时长、交通状况和天气等因素后，系统实现自动计费。乘客到达后可以直接下车，将计费和支付交给软件执行，有效避免了沟通时间上的浪费，杜绝司机有可能出现的绕路倾向。实现这样的业务功能，也离不开企业对大数据的应用和分析能力，同时还考验着企业计算集群硬件的性能。

大数据技术渗透到了共享经济中的每个环节。新的相关互联网创业企业，必须要拥有与之相关的高端人才和机器设备。其中，云计算平台不可或缺。通过这种大数据分析平台，企业能够获得分布式的计算能力、海量数据处理能力和存储能力，尤其能获得一些基础的大数据挖掘能力。这样，企业从创业期间以及业务基层所获得的数据，就能够被不断收集并提交给云计算平台，发挥数据的力量。

Uber和滴滴是对大数据加以利用而成功创业的典型例子。新的创业者正在着手利用大数据平台来开发更多共享经济商业模式。值得品味的是，大数据本身也是可供共享的资源，并正在得到新的商业开发。

2016年2月，美国媒体报道声称，一家名叫Juno的创业公司，正在悄悄挖掘着Uber的相关数据。这家公司免费邀请所有纽约市的Uber司机到世贸中心喝咖啡，作为交换条件，公司工作人员要在司机的车上安装一个神秘的车载设备，同时要求他们下载Juno的手机App。虽然人们还并不知道Juno到底要开发怎样的商业模式，但这些行为显然表现出它对Uber平台上所有车辆、司机、乘客出行数据的觊觎。有人分析说，Juno试图给Uber司机开出不错的条件，包括咖啡休息点、免费停车点、每周25美元的酬劳等等，这样就能进入Uber平台里采集出行数据，通过对数据的掌握来分析利用，构建本身的商业模式。

Juno这样的创业团队，看到的是大数据共享的重要价值所在。仅在出行领域上，未来就会围绕车联网、无人驾驶、智慧城市等交通领域，出现更多依靠大数据共享来创业的企业，在其他同城市居民生活息息相关的商品或服务领域，大数据的价值自然有更多升值的空间。

几乎所有基于互联网、移动互联网的新商业形态，都是和大数据有关的生意。和传统的静态数据相比，小到社区便利店日化用品的销售量，大到一个城市每天不同时间段的交通数据，都是值得开发的数字金矿。如果说过去的数据只是最简单、最原始的材料，那么，通过利用共享数据来提供服务，就会将原材料变成主要工具，并就此开启互联网创业的新时代。

"互联网+"，如何"Uber+"？

Uber的出现，颠覆了出行行业。有消息称，Uber即将进入其他诸多领域，这一模式是否能创造更多的发展契机，还需要时间的验证。但可以肯定的是，Uber模式如果能够被正确理解和推广应用，势必会带来其他行业的相应变化。

不过，随着"互联网+"在中国经济发展的主角地位得以强化，现实中也有创业团队将Uber模式看得太过"万能"和简单，认定只需要将其模式的表象复制到某个行业中就能成功。他们认为，寻找到一个看似空白的共享经济行业市场，建立平台、开发客户端，再投入一些前期的烧钱工作进行营销，就能坐等数量呈几何倍数增加的客户和源源不断的资本流入手中，并获得更多的市场份额。这种错误的创业心态和眼光，很难带给企业想要的"Uber+"收获。

一些失败的案例，可以让试图马上变出下一个Uber的人们清醒下来：

美国一位叫Adam的创业者，发现自己的房间中总会有某些工具只使用过一次，随后就被闲置。为了能够让这些工具得到充分使用，他在互联网上搭建了"neigh borrow"平台，意图让众多社区居民将自家同样闲置的工具放到平台上，相互共享使用。然而，在投入大量的人力、物力和财力之后，平台却难以持续运作，最终整个项目变成了单纯的实验项目，无法商业化。

2013年，小米推出了一个叫Wi-Fi共享的功能，只要小米用户进入存在有Wi-Fi覆盖的公共场所并使用该功能，就能连上同一空间的Wi-Fi，并将Wi-Fi密码分享出去。很快，小米在其服务器上存储了32万个公共场所Wi-Fi密码。但这一功能在最初宣布的时候就引起舆论争议，很多人认为这会侵害私有财产和公共网络安全，还没有等到监管部门和执法部门表态与行动，小米就停止这一功能，并销毁了服务器上所有分享的Wi-Fi密码。

2011年6月，爱日租在线租房平台在北京成立，这是中国首家专注于日租、短租房行业的在线预订网站。平台运行一个月之后，就获得了200万投资，并将业务覆盖到国内80个城市，拥有80000套以上的房源，俨然将要成为中国的Airbnb。但到2013年7月，在前后投入千万美元之后，爱日租正式关闭。在两年发展时间内，仅仅百度推广就花费了2500万人民币，如此烧钱的节奏，又看不到回报，让投资人选择了黯然退出。除此以外，其挫败原因还在于相比欧美市场，中国短租市场并不成熟，所谓沙发客模式无论从需求还是房源上都没有基础：从供给上看，租房者不愿意将房子以一晚上300块钱的价格租给陌生人；从需求上看，这样的价格对客户群体也并不存在什么吸引力。

上述案例显示，在利用共享经济模式进行商业创新的过程中，"学我者生，似我者死"的箴言依然有效。创业团队想要成为下一个Uber，除了解决客户需求、不断努力融资、挑选准确行业领域之外，还要坚持重视与解决下面五大问题：

第一是重视供需关系的平衡。在共享经济中，平台是企业赖以生存和未来盈利的重要因素，在平台之上做好供需关系平衡就极为关键。如果供应方少于需求方，则顾客体验不够，反之，则供应方的利益会受损。无论出现哪种情况，都会影响平台发展壮大。

第二是能够在短期获得用户信任。缺乏用户的共享平台不可能做大，只有用户信任企业，愿意消费，才会继续参与到共享行为中，享受一对一的精准定制服务。这对企业实际的协调能力和管理能力提出了很高要求，并非单纯通过烧钱扩大用户基数就能做到。

第三是管理毛利润并对收入进行分配。当企业拥有充分数量的用户之后，供需双方能够通过平台满足各自需求，企业随之产生了毛利润，这些利润来自供需双方向平台所支付的费用。为了平衡好三方利益，企业需要进行积极的价格测试，即找到最合理的价格浮动范围。这样，在保证企业收入的同时，又能够让供需双方都获得在传统渠道或平台上无法获得的利益补偿。

第四是要始终注意用户数量。用户数量是关键标志，它决定了"Uber+"类型创业企业能否提供良好的平台质量，能否留住越来越多用户，也是用来预测企业收入和增长速度的重要指标。重要的是，用户数量更意味着创业团队能够获得怎样的融资份额。想要吸引用户，并让他们长期停留在平台上，就要以最适当的形式加强市场营销推广力度，提高销售服务质量和整个平台团队合作能力，以此提高用户和供应方之间的联系，加深参与度和满意度。这样，企业就能增强供需双方对整个平台的忠诚度和黏性。

第五是要积极发现共享经济下企业经营要素之间的联系，从而在竞争中取得先手优势。这些要素或许并非行业传统的重点，却已经影响到用户生活的方方面面。例如，当人们希望能够利用共享平台获得短租房屋中介服务时，表面上看，平台提供的服务是为房东们找到最适合的房客。但在此之前，平台还可以利用其他因素来吸引房东，包括为他们提供免费的摄影来展示房屋环境，或者帮助他们重新认识房屋本身及周围街区的特点，以便在和潜在需求者接触时能够更好地介绍。

想成为你所在行业的下一个Uber，并非只需要掌握上述五个指标就可以。企业要在创业征途上脱颖而出，还需在此基础上进行拓展，并始终关注上述指标，这可以用来评判企业的经营状态，并随时做出调整，全力保证企业可以翱翔在共享经济蓝天下。

拥抱共享，多行业迎来Uber化思维

Uber的到来，一度曾经让全世界和出行有关的行业感到不安，才会有出租车司机的示威以及无休止的诉讼。与类似态度截然不同的是，一些传统行业领导者最初也受到Uber的强烈刺激，随后却从走互联网方向还是坚持已有营销模式的迷思中惊醒过来，他们做出的决定是拥抱Uber——不是模仿，而是学习。

企业领导者学习Uber，意味着剖析这家企业从小到大的运作思维，发现其中能够被吸收和转化的积极部分，再结合所处传统行业的现有特点，加以选择并利用。真正善于拥抱Uber并非简单地将企业的业务从线下移到线上，那样的简单模仿，最终会导致企业依旧被拦在新的共享经济市场之外。

宗毅，是一家从事新能源技术企业的领导者，他从2005年开始就采取了鼓励员工创业的裂变式创业模式，获得了公司新的利润增长点。宗毅宣布，当公司发展到一定程度之后，自己鼓励那些骨干员工自己创业成立公司，再由所有骨干员工按照级别共同投资，并由管理人员持股。这种将企业平台化的孵化方式，促进了企业所有人的共同成长。这种理念俨然和后来才出现的Uber不谋而合：打造平台，引入不同团队，共享利润和品牌。

在Uber崛起之后，宗毅更是始终紧盯这家公司的变化，积极将其思维吸收进自身企业的经营中。其旗下有个公司做采暖系统，需要进行有效的市场展示才能提高成交量。在传统O2O模式下，企业需要建立体验店，由经过专业培训的人士进行推广，产品从工厂运送到体验店，用户也需要亲自来店中感受产品后再决定购买。在这样的流程中，店面管理成本是整个销售环节中最高的。然而，当营销员工做了一天Uber司机之后，产生了新的想法。他们提出，店面成本太高，不如采用Uber模式，让已经购买产品的客户在手机上同附近的客户建

立链接，然后直接邀请他们到自己家体验。这样，用户就能赚取佣金，其中甚至可以出现一些销售精英，这样，价格也能降到其他对手的成本价之下进行销售。

宗毅将这段内容发送到微信朋友圈，在一个小时之内就找到了十几个"天使用户"，其中的每个用户都发现，自己能把家变成一间"体验店"，成本之低难以想象，产品价格的低廉，也能帮他们提升销售成功的信心。

宗毅开发的另一个项目是特斯拉汽车充电桩业务。在此之前，特斯拉在中国所铺设的1000多个充电桩很难产生利润，因为买到车的人找不到足够的充电桩，而已有的充电桩也等不到足够数量的客户。同时，充电桩需要使用地块面积、安装电力增容设备、聘用员工管理，成本也始终无法降下来。新的方案很简单，将充电桩直接送给合作的酒店，特斯拉车主上路之后，只能住进安装有充电桩的酒店，因为充电时间长达八个小时。酒店一晚上的房间收入至少几百元，除去充电成本20元，对酒店来说这是非常有吸引力的共享计划。特斯拉车主省去了寻找充电桩的时间，而充电桩生产和租赁方也节约了几乎所有成本。

有意思的是，通过这个项目，宗毅也有了粉丝，而粉丝群所形成的共享圈，又介绍来很多朋友购买他公司的产品。

传统企业家思路的单一化，反而让那些持续学习并奉行Uber思维的老板成了另类。想要让企业能够在"互联网+"时代继续发展壮大，传统企业领导者或许首先要做的不是去找网站合作、成立电商部门，或者去做百度推广，相反，沉心静气地学习Uber的思维特征，才是真正的拥抱。

在这方面，见证了中国改革开放历史的老牌企业海尔集团也有了成功尝试，这家集团每天在中国运送上千台洗衣机和冰箱，为此开发了在线平台来取代物流，平台上每天都会列出送货计划，而拥有送货车辆的当地居民则可以利用平台竞标进行送货。要知道，海尔的企业生产与经营原则并没有发生革新。它只是正确地利用了Uber的共享思维去"重新"使用互联网，这样才是真正的"互联网+"。那么，哪些共享思维值得重点发掘和学习？

第一，平台思维。

包括Uber、Airbnb、Palantir等企业在内，越来越多的"独角兽"（高估值创业企业）在运用平台模式盈利。在中国，滴滴快的、小米科技、蚂蚁金服、陆金所（全称为上海陆家嘴国际金融资产交易市场股份有限公司）也同样使用平台模式打造共享圈。从某种角度来看，共享圈就是生态圈，在各自共享圈内拥有平衡权的企业，能在未来主导各自行业，这已经是不争的事实。

许多传统行业中，企业面对的价值链太长，信息向用户传递太慢，反应速度慢，沟通复杂，而打造平台之后，能够做到充分压缩产业链，形成去中间化效应，让供需双方直接对接，信息可以自由流动。

第二，个性化思维。

传统企业强调产品的标准，过于明确品牌的定位，缺乏个性特点。相反，Uber并不急于告诉每个人可以从中得到什么。今天你可以是Uber司机，明天你或许就是Uber乘客，后天你又会在家点Uber送来的冰淇淋……在已经打造好的成熟平台上，企业应该尽量强调丰富性和多样性，推翻之前缺乏个性化的大规模生产模式。

第三，跨界思维。

Uber是出行服务企业，也是掌握大数据的企业，还能和百度这样的互联网企业、万科这样的房产企业加以联手。这种做法让行业之间的边界变得模糊，跨界进行挑战和颠覆的事例屡见不鲜。传统企业要懂得利用手中平台所形成的生态圈，进行跨界作战，通过和其他行业之间的资源整合，挖掘新功能的亮点，向用户提供整体解决的方案。

事实上，这些思维并不属于Uber这家公司，也不属于卡兰尼克个人，它们属于移动互联网浪潮带来的必然改变。遵循改变，在意识上理解共享经济模式，企业家才会成为永不落伍者，并带领企业迈入下一个战场的制高点。

中国式共享，让梦想照进现实

中国梦，是从历史渊源中继承了优秀文明基因的梦。

早在千年之前，祖先就为我们留下了令人神往的理想："大道之行也，天下为公。"在古人的想象中，未来社会的物质条件将有极大改善，而人和人之间的关系也达到了"讲信修睦"的高境界。为此，在风云年代中，类似的信仰理念，让这片热土上的热血人群，即便衣衫褴褛难以果腹，也从未舍弃过共享幸福的理念……

曾经有人产生过怀疑：人类历史真的会出现以极大共享为特征的社会形态？物质的生产和分配足以保障每个人的幸福安康、自由发展？如果说，在移动互联网时代之前，对此答案还有些许争议，那么时至今日已经无须怀疑。在不久以后，中国一线城市居民在生活领域全面迈入共享时代已经是一种必然。这种必然性的宝贵价值，不仅体现在经济和商业的发展上，更体现在人类社会形态的进步意义上。

值得注意的是，作为世界上最发达的国家，美国经济学界和思想界早已注意到共享经济的重要性。华盛顿特区经济趋势基金会主席杰里米·里夫金（Jerem Rifkin）认为，协同共享经济模式，将会在21世纪下半叶取代资本主义，成为主导人类社会的经济形态。那时会产生更高的生产率、更发达的物联网，全球数十亿人在移动互联网的联结下，共享各自拥有的能源、信息和实物，所有权已经不再那么重要，相反，使用权的让渡成为交易的主要形式，"交换"会被"共享"所取代，人类就此开始进入新纪元。

这不是痴人说梦，而是对事实加以思考和分析的结论。共享经济早已有之，从平台共享到用户共享的路程已经走完，未来将是产品或服务共享的变迁。

20世纪90年代开始，中国第一代互联网企业纷纷出现，产生了搜索引擎、电商、新闻门户、杀毒、聊天室、BBS等以免费形式提供信息的服务，不向用户收费，只向广告主收费。这种平台共享模式是共享经济的初级形态，颠覆了传统商业，也改变了当时中国人的生活方式。

从2008年开始，移动互联网加速了共享经济进程，中国人减少了对单一平台的依赖，曾经风靡一时的讨论版、微博开始不再那么炙手可热，相反，每个人手中的手机成为其接口，帮助他们在社交中进入更大共享区域。这种共享基于社交而形成信任，并接受彼此提供的信息，接触到彼此所信任的商品和服务。此时的共享经济，更多着眼于用户之间的融合、交互、彼此联结，例如微信公众号和企业共享获得用户关注的机会，同时也共享了价值的增长。企业不再只是单纯的广告投放角色，在生产内容的同时也消费内容，用户也不再只属于一家企业或平台，而是属于所有的互联网商户，不同的用户也可以随时改变角色。对用户的共享，是共享经济发展到一定阶段的状态，并促成了诸如"羊毛出在猪身上让牛买单"等商业模式。

时至今日，平台和用户的共享已经不够，产品或服务的共享将会形成从生产直接到消费的流程。越来越多的产品或服务在使用消费的过程中，不再只是一个人享有，更多个人或企业能以直接间接的方式享有使用权。中国人将会从

"信息共享""知识共享"，走向"汽车共享""办公共享""公寓共享"等不同的实体资源层面。

随着这样的消费革命，市场具备了再流动功能，互联网会成为交换和协作的平台，人们还可以将自己的隐性资源包括技能、时间或者空间全部拿出来进行再利用。

例如，"我有饭"平台，它体现了共享经济发展到这一阶段之后，对个人生活带来的直接改变。这是一个将"兼职厨师"资源加以整合的平台，创始人从耶鲁大学毕业之后，打造了这个私厨共享平台，用户可以去有意思的人家里吃饭，或者将自己的厨艺拍成照片，放到手机平台上加以分享，等待客人上门品尝、欢聚并付费。和这个平台思路类似的，还有分享专业知识与经验的平台"在行"，用户同样能够在上面约到最合适的人解答困惑、提供指导。

种种迹象表明，共享经济开始深入全中国城市每个角落，这个进程刚刚起步不久，会在未来呈现出更多的爆发力。共享经济本身的成长，也会反过来促进中国社会的整体进步：

当共享经济将个人如此变成了生产与流通的主体，每个人的信用高低将会决定着其在这种经济形态下的个人品牌、收入程度。一方面，参与到共享经济中的个人会尤其注重经营行为的诚信，防止在大数据体系中进入黑名单而失去共享机会；另一方面，诸多企业如蚂蚁短租、小猪短租等平台，也做到了和公安局等监管部门的数据库对接，有效规避风险。最重要的是，当共享经济形成一定规模之后，会倒逼原本缺乏的失信惩罚机制和公共征信系统形成、完善，全社会的道德水平将有效上升。

需要看到的是，中国特色国情会让共享经济模式的推广遇到种种阻碍，例如去中心化之后结构是否稳定，人际关系互动方式存在的问题，诚信水平和监管能力的差距，普通民众对共享经济缺乏认知度，等等。但无论如何，时代的车轮已经启动。正在见证这一切的我们，也有理由相信，21世纪将是共享的世纪，不断地向前一步，再向前一步，中国人将会和Uber一起，通过推广共享，距离梦想更近。

图书在版编目（CIP）数据

UBER：共享改变世界 / 陈润，唐新著.—杭州：
浙江大学出版社，2016.8
　ISBN 978-7-308-15983-8

　Ⅰ.①U… Ⅱ.①陈… ②唐… Ⅲ.①高技术企业-企
业管理-介绍-美国 Ⅳ.①F279.712.444

　中国版本图书馆CIP数据核字（2016）第137078号

UBER：共享改变世界

陈　润　唐　新　著

策　　划	杭州蓝狮子文化创意股份有限公司	
责任编辑	卢　川	
责任校对	杨利军	
出版发行	浙江大学出版社	
	（杭州市天目山路148号　邮政编码310007）	
	（网址：http://www.zjupress.com）	
排　　版	浙江时代出版服务有限公司	
印　　刷	杭州杭新印务有限公司	
开　　本	710mm×1000mm　1/16	
印　　张	14.75	
字　　数	185千	
版 印 次	2016年8月第1版　2016年8月第1次印刷	
书　　号	ISBN 978-7-308-15983-8	
定　　价	42.00元	

版权所有 翻印必究　印装差错 负责调换

浙江大学出版社发行中心联系方式　（0571）88925591；http://zjdxcbs.tmall.com.